KB109315

아일랜드

수난 속에 피어난 문화의 향기

차례
Contents

에메랄드빛 아일랜드

최근 영국의 경제전문지인 〈이코노미스트 Economist〉는 세계 111개 나라 가운데 아일랜드를 '세계에서 가장 살기 좋은 나라'로 선정했다. 낮은 실업률과 높은 경제 성장, 정치적 자유 등이 전통 가치와 성공적으로 결합된 나라라는 이유에서다. 반면에 아일랜드를 거의 800년 동안 식민 통치했던 영국은 29위를 기록했다. 유럽의 최빈국이 불과 10년 만에 고도성장을 통해 후진국에서 선진국으로 도약하고, 완전 고용을 실현함은 물론, 1인당 국민소득 5만 달러를 달성하여 영국을 앞지른 과정은 가히 '리피강(Liffey River, 더블린 시내를 가로지르는 강)의 기적'이라 할 만하다.

서유럽 끝자락에 붙어 있는 멀고 먼 나라인 아일랜드 아일

길 호수에 있는 이니스프리 호수 섬 전경

랜드 하면, 흔히 사람들은 폭력과 유혈 사태가 난무하는 두렵고 무서운 나라라는 이미지를 떠올린다. 하지만 그것은 아직도 영국의 속국으로 남아 있는 북아일랜드의 이야기이다. 1949년 영국으로부터 완전히 독립한 남아일랜드(공식 명칭은 '아일랜드 공화국'이며, 영문 명칭은 'Republic of Ireland'임)는 아마도 이 세상에서 가장 아름답고 평화로운 에메랄드빛 전원의 나라일 것이다.

일찍이 아일랜드의 시인 윌리엄 버틀러 예이츠William Butler Yeats(1865~1939)는 그가 어린 시절 뛰놀던 '길 호수(Lough Gill)'에 있는 이니스프리Innisfree 호수 섬을 그리며 다음과 같은 아름다운 시를 썼다.

이니스프리 호수 섬

나 이제 일어나 가련다 이니스프리로,
그곳에 흙과 욋가지 엮어
작은 오두막집 하나 짓고,
아홉이랑 콩밭 갈고 꿀벌 치면서,
꿀벌소리 요란한 골짜기에 홀로 살리라.

그러면 다소간의 평화를 누리겠지,
평화가 아침의 장막으로부터
귀뚜라미 울어대는 곳까지
살포시 방울져 내릴 테니까.
그곳의 한낮은 자줏빛 광채,
저녁엔 홍방울새 날개 짓 소리 그득하고,
밤에는 온통 희미한 빛이어라.

나 이제 일어나 가련다,
밤이나 낮이나
호숫가에 찰싹이는
물결소리 들리는 곳으로.
지금도 한길가나 포도 위에 서 있노라면
내 마음 깊은 곳에
그 소리 들리나니.

번잡한 현대 문명과 세파에 찌든 불쌍하고 고달픈 현대의 영혼들이여! 문학과 음악 그리고 춤이 있는 문화의 고향 아일랜드로 오라. 그러면 아일랜드가 그대들의 가엾고 지친 영혼을 달래 줄 것이니.

에메랄드빛 아일랜드 섬은 서유럽의 끝자락 대서양 연안에 있으며, 전체 면적은 84,421km²이고, 이중에서 남아일랜드가 섬의 83%를 차지한다. 남아일랜드의 인구는 390만 명이고 북아일랜드의 인구는 170만 명이다. 북아일랜드의 주도主都는 벨파스트Belfast, 남아일랜드의 수도는 제임스 조이스James Joyce의 작품 배경이 되고 있는 더블린Dublin이다. 기후는 전형적인 해양성 기후이나 여름 3개월을 제외하고는 비가 오고 바람이 부는 날이 많다. 일상 언어로는 그들의 토속 언어인 게일어(Gaelic)와 영어를 공용어로 사용하고 있으며, 인종은 켈트족이고, 종교는 주로 가톨릭이다.

우리 남한보다 작은 이 나라가 그토록 긴 세월 동안 처절한 고난과 시련을 겪어 왔고, 그들의 가슴속에는 아직도 풀리지 않는 한恨의 응어리가 맺혀 있다는 사실을 아는 사람은 아마 별로 없을 것이다. 19세기의 아일랜드 역사가 윌리엄 리키William E. Lecky가 "인류 역사상 이들만큼 고난을 겪은 민족은 일찍이 없었다"라고 말한 것처럼, 그들 스스로가 '이 세상에서 가장 슬픈 나라'라고 불렀던 아일랜드인들의 슬픔은 이 나라가 영국 바로 옆에 있다는 지정학적인 사실로부터 기인할지도 모른다. (박지향, 31쪽)

혼히들 한국을 동양의 아일랜드라고 한다. 온갖 역경과 시련 속에서도 민족의 자부심과 자신들의 고유한 민족 문화를 지키며 사는 민족성이 비슷한 것을 두고 하는 말이기도 하지만, 사실은 외부 세력의 끊임없는 압박을 숙명처럼 받아들이며 살아온 역사 때문인지도 모른다. 한국과 일본이 가장 가까우면서도 가장 먼 이웃이듯이, 아일랜드와 영국은 정말로 가깝고도 먼 이웃이다. 우리는 일제의 식민 통치를 36년 동안 받았지만, 12세기 이래로 근 800년이라는 긴 세월을 영국의 식민 통치를 받으며 살아온 아일랜드의 역사를 생각하면 그들의 슬픔과 시련이 어떠했는지 가히 짐작하고도 남는다. 특히 그들의 주식인 감자의 고사병으로 인해 1845년부터 7년 동안 지속된 대기근(Great Famine)의 참혹한 역사는 인류 역사상 전무후무한 것이었다. 해가 지지 않는 대영제국의 방치 아래 150만이라는 엄청난 인구가 굶주림에 지쳐 죽어 갔고, 끝내는 많은 아일랜드인들이 배고픔을 견딜 수가 없어 영국, 호주, 캐나다, 미국 등으로 떠나는 배에 아무런 기약도 없이 몸을 내맡겼다. 사랑하는 가족, 친지, 연인들과 헤어질 때 부둥켜안고 흐느껴 울면서 불렀던 노래가 바로 '대니 보이Danny Boy'이다. 그들이 기쁠 때나 슬플 때에 뼈아팠던 지난날을 회상하면서 국가 다음으로 즐겨 부르는 노래이다.

우리 한민족이 반만 년의 역사 동안 끊임없이 외세의 침략을 받으면서도 불요불굴의 저항 정신과 은근과 끈기로써 살아왔듯이, 아일랜드인들도 한(bitterness)과 패배(defeat)와 실패(failure)

7

로 점철된 역사로 인해 온갖 수난과 고통을 겪으면서도 그들의 민족정기를 끝내 잃지 않고 문화 민족으로서의 자부심을 지켜 왔다. 예이츠가 "세계의 정신사는 피정복 민족의 역사였다"라고 말한 것처럼, 물질적인 실패는 정신의 승리를 의미한다. 오늘날 그들이 유럽의 인도라 자부하면서 문화의 우수성을 전 세계에 자랑할 수 있는 것도 따지고 보면 이러한 한의 역사와 무관하지 않을 것이다.

때로 사람들은 한국 사람들이 라틴족인 이태리 민족과 유사하다고 말한다. 그러나 노래 부르기를 좋아하는 것 말고는 사실상 두 민족 사이에 닮은 점은 별로 없다. 오히려 한국 사람들은 아일랜드 사람들과 가장 비슷하다고 할 수 있다. 자기 민족이야말로 이 세상에서 가장 순수하고 순결하며 뛰어나다고 믿는 맹목적인 애국심, 자신들의 역사가 이 세상에서 가장 비참하고 비극적이라고 생각하는 경향, 그리고 실제로 강대국 곁에서 겪어 온 수난의 역사 등 아일랜드와 우리나라는 역사나 정서에서 닮은 점이 너무나도 많다. (박지향, 17쪽)

아일랜드 인구의 대다수를 차지하고 있는 켈트Celt족은 매튜 아놀드Matthew Arnold(1822~1888)가 일찍이 지적했듯이, 본능과 상상력을 중시하는 민족이다. 또한 사시사철 아름다운 자연을 벗 삼아 야생의 생활을 즐기면서, 먹고 마시고 이야기 나누며, 춤추고 노래하기를 좋아하는 호탕한 기질을 지닌 민족이다. AD 431년 로마 교황이 파견한 선교사 팰라디우스Palladius가 처음으로 기독교를 전파했고, AD 432년 아일랜드의 수호성인守護聖人 성 패트릭St. Patrick이 수도원을 설립해 본격적으로 기독교가 민중들 사이에 보급되기 이전까지 그들은 삼라만상의 자연에 편재하는 정령과 영혼의 불멸성을 믿는 이교도들이었다.

수도원 설립과 기독교 보급은 켈트족의 찬란했던 과거의 문화유산을 화려하게 꽃피우는 계기가 되었다. 민중들 사이에 입으로 전해지던 신화, 민담, 설화, 역사 등을 수도원의 수사修士들이 기록해 널리 보급하고 보존하면서, 아일랜드는 유럽의 암흑기에 유럽 정신문명의 진원지이자 유럽 문화의 중심 무대가 되었다. 또한 유럽의 거의 모든 국가가 로마의 침략을 받아 문화유산이 대부분 소실되었지만, 유독 아일랜드에만 로마 제국의 손길이 미치지 않았다. 그래서 아일랜드의 찬란했던 고대 켈트 문화가 문헌으로 온전히 보존되고 전수되어 오늘날 그들의 문화적 위세를 전 세계에 뽐낼 수 있는 자산이 되고 있다.

우선, 아일랜드는 문학에서 조지 버나드 쇼George Bernard Shaw, 윌리엄 버틀러 예이츠William Butler Yeats, 사뮤엘 베케트 Samuel Beckett, 셰이머스 히니Seamus Heaney와 같은 노벨문학상 수상자를 위시해, 조나단 스위프트Jonathan Swift, 오스카 와일드 Oscar Wilde, 숀 오케이시Sean O'Casey, 존 밀링톤 싱John Millington Synge, 올리버 골드스미스Oliver Goldsmith, 제임스 조이스 등 세계 문학사에 빛나는 수많은 대문호들을 배출함으로써 문학에서 타의 추종을 불허하고 있다.

다음으로, 음악에서는 전통악기인 보드란bodhran(염소 가죽으로 만든 드럼의 일종), 하프harp, 피들fiddle, 페니 휘슬penny whistle 등으로 연주하는 아일랜드 전통음악이 유명하다. 이러한 전통 때문에 아일랜드 출신 가수들은 세계 음악계에서도 상당한 팬을 확보함으로써 주목을 받고 있다. 세계적으로 유명한 가수로는 영화 〈반지의 제왕The Lord of the Rings〉의 삽입곡 '그렇게 되리니(May It Be)'를 부른 엔야Enya를 비롯해서, 벤 모리슨Van Morrison, 메리 블랙Mary Black, 시네이드 오코너Sinead O'Connor, 다니엘 오도넬Daniel O'Donnell, 데미안 라이스Damien Rice, 조 돌란Joe Dolan, 크리스티 무어Christy Moore 등이 있다. 또한 대표적인 그룹으로는 플랑스티Planxty, 무빙 하츠Moving Hearts, 클래나드Clannad, 치프턴스The Chieftains, 크랜베리스The Cranberries, 더 블리너즈The Dubliners, 코어스The Corrs, 보이존Boyzone, U2 등이 있다. 그룹 U2의 리드 싱어인 보노Bono는 최근 세계은행 총재 후보로 거론되기도 했으며, 1999년 데뷔한 감미로운 목소리의 5인조 밴드인 웨스트라이프Westlife도 모두 아일랜드 출신들로 구성되어 있다.

마지막으로, 아일랜드의 전통춤으로는 네 쌍의 남녀가 함께 추는 셋 댄스Set dance와 이 춤을 변형한 케일리 댄스ceili dance 가 100년 이상 인기를 누려 오고 있다. 특히, 상체를 움직이지 않고 발만을 이용해 추는 스텝 댄스step dance는 전 세계적으로 유명한데, 근래에는 브로드웨이와 접목을 시도함으로써 상업화에 성공했다. 그중에 우리나라에서도 공연된 적이 있는 스피릿 오브 댄스Spirit of the Dance, 로드 오브 댄스Lord of the Dance, 리버댄스Riverdance 등은 보는 이들에게 신선한 충격과 감동을 주었다.

강과 산, 바다와 호수로 어우러져 늘 에메랄드빛을 발하는 아름다운 나라 아일랜드. 현대 문명의 숨 가쁜 소용돌이 속에서도 시간의 흐름을 저리 하고 사색과 명상을 즐기며 유유자적한 삶을 살아가는 마음이 풍요로운 사람들. 펍Pub(한국의 옛 선술집과 비슷함)에 둘러앉아 기네스Guinness 맥주를 마시면서 이야기 나누기를 좋아하고, 문학과 음악, 춤과 스포츠에 취해서 살아가는 순진무구하고 정겨운 사람들. 물질만능의 어지러운 세상이 중심을 잃고, 파멸의 막다른 골목과 늪을 향하여 줄달음칠 때에도, 에메랄드빛 아일랜드는 영원하리라.

아일랜드의 자연환경

아일랜드의 국토

아일랜드의 풍경은 문학, 음악, 그리고 회화에서 언제나 아일랜드인들의 영혼에 깊은 영향을 미쳐왔다. 오래전에 아일랜드를 떠난 이들은 늘 이 '녹색의 땅'에 대한 그리움과 향수를 간직한 채 살아가고 있으며, 아일랜드를 방문하는 이들은 시시각각으로 변하는 이 나라의 산과 바다, 강과 호수, 그리고 날씨를 체험하고픈 기대와 열망에 차서 온다. 뭉게구름 두둥실 춤을 추는 하늘 아래 젖소와 양떼들이 유유히 풀을 뜯는 에메랄드빛 평원, 괴암 절벽의 웅장한 해안선, 강과 호수에서 한가하게 낚시를 드리우는 강태공의 모습과 구름 낀 날의 엄

숙한 색조 등은 하늘이 내린 선물이다.

아일랜드는 유라시아 대륙의 북서쪽에 위치한 섬나라로, 서쪽과 북쪽 해안은 대서양에 노출되어 있고, 동쪽은 아일랜드 해(Irish Sea), 남쪽은 켈트해(Celtic Sea)와 접해 있다. 그리고 스코틀랜드와 북아일랜드 사이의 좁은 바다는 노스 해협(North Channel), 아일랜드의 남동쪽과 웨일스Wales 사이의 좁은 바다는 세인트 조지 해협(St. George's Channel)이라 부른다. 섬의 전체 면적은 84,421km²로 남한 면적의 약 85%이다. 이중에서 북아일랜드가 14,139km²이고, 남아일랜드는 70,282km²이며, 남북의 길이는 486km이고, 동서의 길이는 275km이며, 해안선의 총 길이는 5,630km이다. (이승호, 21~22쪽)

아일랜드 섬은 전통적으로 렌스터Leinster, 얼스터Ulster, 코노트Connaught, 먼스터Munster의 4개 지역으로 구분한다. 얼스터 지방의 대부분은 북아일랜드에 속하므로 북아일랜드와 같은 뜻으로 사용되는 경우가 많다.

아일랜드의 각 지방은 '주州(County)'라는 행정구역으로 나뉜다. 아일랜드는 총 32개 주로 구성되어 있는데, 이중에서 남아일랜드가 26개 주, 그리고 북아일랜드가 6개 주로 되어 있다. 그러나 북아일랜드는 1973년에 행정구역을 개편하면서 6개 주를 주요 도시나 타운을 중심으로 26개 지구(District)로 재편했다. (이승호, 17쪽)

아일랜드의 지형은 황량한 바위 더미로 구성된 작은 섬들이 해안가 여기저기에 흩어져 있어 독특한 생태계를 이루고 있다.

이들 섬 중에서 케리Kerry 해안에서 조금 떨어진 곳에 있는 스켈리그 마이클Skellig Michael 섬은 톱니 모양의 돌섬으로 6세기부터 12~13세기까지 수사들이 은둔 생활을 했던 곳이다. 국토 중 고지대는 대부분 해안에 인접해 있으며, 중앙 내륙 지역은 거의 대부분이 평평하다. 코크Cork에서 도네갈Donegal에 이르는 서쪽 해안은 거의가 절벽, 언덕, 산과 같은 지형이며, 주로 암벽으로 이루어져 있어 안전한 정박지가 거의 없다. 높은 산들은 모두 남서쪽에 있는데, 아일랜드에서 가장 높은 산은 케리 주에 있는 해발 1,039m의 카랜투힐Carrantuohil 산이다.

아일랜드에서 가장 긴 강은 캐반Cavan 주에 있는 쿨커 Cuilcagh 산으로부터 중부 지방을 거쳐 리머릭Limerick 시市 서쪽까지 370km에 이르는 샤논Shannon 강이다. 북아일랜드에 있는 네이 호수(Lough Neagh)는 아일랜드에서 가장 큰 호수로 전체 면적은 396km²에 달한다.

아일랜드의 중앙 내륙 지역은 3~4억 년 전에 퇴적된 석탄기 석회암층 위에 형성된 지형으로 대부분이 기름진 농경지와 늪지로 구성되어 있다. 그러나 중앙 내륙 지역으로부터 서쪽으로 나아가면 땅이 척박해지고 농경지도 별로 없으며, 수많은 암벽들만 볼 수 있다. 특히, 샤논강 서쪽에 있는 코노트 지역은 미스Meath나 티퍼레리Tipperary 등의 기름진 지역과 뚜렷하게 대조된다. 한때 올리버 크롬웰Oliver Cromwell(1599~1658)이 "지옥으로 갈래? 아니면 코노트로 갈래?(To Hell or to Connaught?)"라고 소리친 말이 나름대로 근거가 있었던 것이다.

서부 골웨이Galway 주의 코네마라Connemara 남쪽 해안의 낮은 산지와 클레어Clare 주의 버렌Burren(게일어로 암석이 많은 지역을 의미함) 지역은 석회암층의 고원 지대이다. 1640년대 크롬웰의 측량기사는 이곳을 일컬어 "사람을 빠트릴 충분한 물도 없고, 교수형에 처할 나무도 없으며, 매장할 흙도 없는 곳"이라 했다. 어디를 둘러보아도 농사지을 땅이라고는 거의 없고 척박하고 황량하기 그지없는 회색빛 돌 더미뿐이다. 그러나 이곳의 색다른 풍경은 이국의 정취를 더해 주고 있으며, 갖가지 희귀식물과 조류들이 서식하고 있어 생물학의 보고寶庫 역할을 하고 있다. 또한 인근의 클립스 오브 모어Cliffs of Moher는 자연이 만든 최고의 절경을 자랑한다. 규모가 어마어마하고 깎아지른 듯해서 보는 이들을 아찔하게 만드는 이 해안 절벽은 최대 높이가 300m에 달하며, 총 길이는 10km를 넘는다. 또한 앤트림Antrim 주의 자이언츠 코즈웨이The Giant's Causeway는 육각기둥 모양의 주상절리柱狀節理가 성냥갑을 쌓아 놓은 듯이 형성된 지형으로, 돌기둥의 수가 무려 4만 개에 이른다고 하니 조물주의 신비에 놀라지 않을 수 없다.

빙하가 녹아 흐를 때 배수가 잘 안 되어 퇴적물과 유기물이 쌓여 있는 늪지를 보그bog라 하는데, 이는 토탄의 원료가 된다. 토탄은 옛날부터 아일랜드에서 주로 땔감으로 이용해 왔다. 보통 위스키색을 띠는 보그 지역은 한때 국토의 20% 가까이 되었으나 지금은 면적이 많이 줄어 대략 2,000km² 정도만이 남아 있다. 그러나 아일랜드의 늪지는 유럽 그 어느 국가의 늪지보다 큰 규모를 자랑하고 있다. 킬데어Kildare 주에 있는 보그 오브 알렌Bog of Allen은 잔존하고 있는 늪지 중에서 가장 유명한 곳이다.

그러나 뭐니 뭐니 해도 '아일랜드' 하면 에메랄드빛 녹색의 땅이 떠오른다. 오늘날 아일랜드 사람들은 한때 울창했던 오크나무 숲들이 사라진 것을 아쉬워한다. 이 숲들은 과거에 영국 해군의 배를 건조하기 위해서 영국인들이 무모하게 벌목했기 때문에 오늘날 볼 수 있는 숲들은 비교적 최근에 조성된 것들이다. 아일랜드의 시골은 지금도 거의 대부분이 녹색 평원으로 되어 있는데, 산울타리나 돌담으로 경계를 지어 경작용 토지와 목초지로 활용하고 있다.

2001년도에 이탈리아 작가 귀도 미나 디 소스피로Guido Mina di Sospiro는 아일랜드의 아름다운 자연환경을 배경으로 삼아 그의 에코픽션 『나무의 회상록The Story of Yew』을 출간해서 많은 이들에게 감동을 주었다.

아일랜드의 위치와 기후

아일랜드는 경도 상으로 서경 5.5도에서 10.5도 사이에 위치하고 있어서 우리나라보다 서쪽으로 대략 135도 떨어져 있다. 경도 15도마다 한 시간의 시차가 나므로 아일랜드의 표준시는 우리나라보다 9시간이 늦은 셈이다. 그러나 3월의 마지막 일요일과 10월의 마지막 일요일 사이에는 서머타임이 적용

되므로 이 기간에는 우리보다 8시간이 늦다. 즉, 겨울철에는 우리나라가 정오일 때 아일랜드는 새벽 3시이며, 여름철에는 새벽 4시가 된다.

위도 상으로는 북위 51.5도와 55.5도 사이에 위치하고 있어 우리나라보다 20도 가까이 더 북쪽에 자리한다. 그러므로 여름에는 우리보다 해가 길고, 겨울에는 해가 훨씬 짧다. 7월과 8월의 낮 시간은 대략 18시간 정도이며, 오후 11시가 넘어야 비로소 어두워진다. 따라서 해가 긴 여름철에는 여가 활동과 관광을 즐기기에 적합하다. 하지만 동지 무렵에는 오후 3시를 넘기면 해를 보는 것이 쉽지 않다. (이승호, 13–14쪽)

아일랜드의 기후는 따뜻한 대서양 멕시코 만류의 영향으로 위도에 비해서 비교적 온화한 편으로, 연간 평균기온은 대략 섭씨 10도 정도이다. 단지 겨울철에만 이따금씩 영하로 떨어지는 경우가 있고, 눈과 서리는 아주 귀해서 1년 중 단지 한두 차례만 진눈깨비가 온다. 가장 추운 달은 1월과 2월로 이 때 기온은 섭씨 4도에서 8도 사이이며, 평균 7도를 유지한다. 여름철의 낮 기온은 가장 쾌적한 온도인 15도에서 20도 사이이며, 가장 더운 달인 7월과 8월의 평균기온은 16도이다. 아일랜드에서 가장 더운 여름날의 기온은 22도에서 24도 정도이나 가끔은 30도까지 오르기도 한다. 아일랜드의 날씨는 아주 변덕이 심해서 예측하는 것이 거의 불가능하다. 가령, 2월에도 셔츠 차림에 선글라스를 쓰는가 하면, 3월이나 심지어 여름철에 양털로 만든 겨울 외투를 입기도 한다.

또한 아일랜드에는 비가 많이 오기 때문에 어떤 지역은 연중 270일이나 비가 오는데, 케리 지역이 가장 심한 편이다. 반면, 남동쪽은 아주 건조해서 대륙의 날씨와 유사하다. 연평균 강수량은 저지대가 800mm에서 1,200mm 사이이며, 산악 지역은 2,000mm를 초과한다. 수도인 더블린을 비롯한 남동쪽은 750mm 이하로 비가 가장 적게 오는 지역이다.

아일랜드인과 그들의 종교

아일랜드의 인구

아일랜드의 전체 인구는 약 560만이다(인구 수치는 2002년 아일랜드 인구조사에 의거함). 이 수치는 사실상 지금으로부터 160년 전보다 적은 수치이다. 1845년부터 1851년까지 계속된 대기근 이전, 아일랜드의 인구는 대략 800만이었다. 하지만 대기근과 해외 이주로 인해서 인구는 600만으로 줄었다. 이후 100년 동안 해외 이주는 높은 비율로 지속되었다. 1960년대에 와서야 해외로 이주하는 인구 비율이 둔화되었다. 하지만 경제적인 어려움 때문에 1980년대에 들어와서도 20만 명 이상이 해외로 이주했다.

남아일랜드의 인구는 390만이다. 남아일랜드의 수도 더블린에는 110만의 인구가 살고 있는데, 이중에서 대략 40%가 도심으로 통근할 수 있는 거리에 살고 있다. 또한 남아일랜드의 인구는 젊은 인구가 압도적으로 많다. 전체 인구의 41%가 25세 미만이며, 15세에서 24세에 이르는 인구가 유럽에서 가장 많고, 15세 미만의 인구는 유럽에서 둘째로 많다.

북아일랜드에는 170만의 인구가 살고 있는데, 이중에서 북아일랜드의 주도 벨파스트에는 27만7000명이 살고 있다. 북아일랜드에서는 16세 미만의 인구가 25%로 영국에서 젊은층의 인구가 가장 많은 곳이다.

1990년대 이래로 해외로 이주하는 인구보다는 해외에서 이주해 오는 이민자의 수가 더 많아졌다. 이들은 역이민자인 아일랜드인들이 대부분이지만, 영국, EU(유럽연합) 국가, 북미에서 오는 이민자들도 있다. 오늘날 아일랜드는 동유럽이나 아프리카에서 오는 상당수의 난민들도 받아 주고 있다.

아일랜드인의 국민성

아일랜드인들의 호의적인 태도는 전 세계에서도 정평이 나 있다. 사업상 또는 관광으로 아일랜드에 오는 사람들은 아일랜드인들의 호의적인 태도와 기꺼이 남을 도와주려는 마음가짐, 그리고 낯선 사람과 대화 나누기를 주저하지 않는 태도 때문에 편안한 마음을 갖게 된다. 아일랜드인들은 이러한 품성을 가졌기 때문에 열린 마음으로 EU에 동참하게 되었고, 또 이에 대해 대단한 자부심을 느낀다.

1840년대 후반의 감자 기근과, 1930년대의 대공황, 그리고 1970년대와 1980년대의 경기 침체기까지 근 2세기에 걸친 이주移住의 역사로 인해 아일랜드인들은 세계무대에서 국제 문제에 영향력을 행사할 수 있는 진정한 세계인이라는 의식을 견지하고 있다.

독립투쟁 기간 내내 영국 개신교의 영향으로부터 지켜내려 했던 로마 가톨릭의 위세는 일상생활에서 점차 약화되고 있다. 교회 참석률은 1990년의 85%에서 2005년에는 50% 이하로 꾸준히 감소했으며, 사제의 수도 턱없이 부족해서 해외에서 계속 수혈을 받아야 했다. 그 한 가지 예로, 2004년에는 아일랜드 전역에서 단지 여섯 명의 사제만이 서품을 받았다. 그런데도 아일랜드인들의 법과 태도는 여전히 보수적인 경향이 있다.

성性은 단지 출산을 위한 도구로써만 의미가 있다는 전통적인 가톨릭 교리의 가르침으로부터 비롯된 성을 터부taboo하는 경향은 오래전에 사라졌지만, 아직도 시골 지역에서는 공개적인 장소에서 성에 대해 언급하거나 논의하는 것을 금지하고 있다. 또한 1995년 국민투표에서 이혼에 대한 법안이 근소한 차로 통과되고 나서야 비로소 이혼이 법으로 용인되었다. 그러나 낙태는 임산부의 생명이 위급한 경우가 아니라면 여전히 불법으로 간주된다. 가톨릭의 영향이 아일랜드인들의 골수까지 스며 있어서 이웃과 못사는 사람들에 대한 책임 의식이 투철하다. 이러한 사회적 책임 의식 때문에 아일랜드인들은 세계의 다른 어떤 사람들보다 남에게 자선을 베푸는 데 관대하다.

일에 대한 아일랜드인들의 느긋한 태도는 때때로 외국에서 온 사람들을 놀라게 한다. 아일랜드인들은 일하기 위해서 사는 것이 아니라 살기 위해서 일을 한다. 따라서 아일랜드인들은 약속을 지키거나 제 시간에 일을 끝내는 경우가 거의 없다. 일을 다음으로 미루거나 약속을 지키지 않는 경우가 허다하다. 이는 농경사회의 유물로 볼 수 있을 것이다. 과거 영국의 식민 통치를 받던 소작농 시절에, 열심히 일을 해봤자 모두 소작료로 빼앗겼던 그들의 비극적인 역사와 관련이 있다.

한편, 급속한 경제 성장으로 인해 알코올 소비가 급증해 새로운 문제가 되고 있다. 급기야 아일랜드 정부는 2003년에 법을 제정해 규제를 시작했다. 하지만 술을 마시는 것이 유일한 오락이며 펍이 주요 수출 품목 중의 하나인 이 나라에서 알코올 소비량을 줄인다는 것은 요원한 일인지도 모른다. 오늘날에는, 비교적 잠잠했던 시골 지역에서도 청소년들이 도시의 유행을 본 따 술과 마약에 탐닉하고 있어 새로운 사회문제가 되고 있다.

아일랜드의 종교

아일랜드는 전통적으로 가톨릭 국가이다. 가톨릭은 아일랜드인들의 정치·문화적인 영역뿐만 아니라 그들의 개인적 삶에서도 아주 특별한 위치를 차지한다.

아일랜드인들에게 교회는 개인의 영성을 추구하는 공간일뿐만 아니라, 일요일에 친구들을 만나 잡담을 즐기는 현실적인 공간이기도 하다. 많은 아일랜드인들은 저마다 특정 성인을 택해서 그들의 삶과 말씀을 연구하며, 그들에게 신과 중재해 줄 것을 기원한다. (이동진, 264쪽)

남아일랜드의 거주자 중에서 대략 90%는 로마 가톨릭을, 3%는 개신교를, 그리고 0.1%는 유대교를 신봉하고 있으며, 나머지는 특정 종교가 없다. 북아일랜드에서는 개신교가 60%, 가톨릭이 40%를 차지한다. 아일랜드의 개신교는 영국 국교회(The Church of England)의 지파支派인 아일랜드 교회(The Church of Ireland), 장로교, 감리교 등이 대부분을 차지하고 있다.

일상생활에서 교회는 거의 모든 부문에 영향을 미친다. 정오나 정각 6시에 텔레비전을 켜면 곧 안젤루스Angelus라고 하는 벨이 약 1분 정도 울리고, 이어서 성화聖畵와 그날의 말씀이 소개된다. 아침 뉴스에도 그날의 기도가 함께 나오고, 교회 근처를 지나는 사람들 중 대다수가 성호를 긋는다. 텔레비전 프로그램에도 때때로 성직자가 출연해 정치가나 대중 스타와 함께 생활의 모든 분야에 대해서 자신의 의견을 말한다. 대부분의 학교에서는 사제나 수녀가 교사로 활약하고 있다. (이동진, 267쪽)

하지만 최근의 통계를 보면, 아일랜드인들의 신앙심에 큰 변화가 일어나고 있음을 알 수 있다. 사회 변화, 경제적 풍요, 해외여행, 그리고 폭 넓은 교육 등으로 젊은층과 도시 사람들의 교회 참석률이 꾸준히 줄어들고 있으며, 돈이나 성性과 관련된 가톨릭교회의 부패와 잇따른 추문으로 인해 교회의 권위가 계속 실추되고 있다.

그렇지만 아일랜드에서 가톨릭교회는 여전히 상당한 영향력을 행사하고 있다. 낙태, 피임, 이혼, 검열 제도 등에 대해서 강력하게 반대하는 입장을 견지하는 것은 물론, 국가로부터 재정 지원을 받는 학교나 병원의 운영에 대해서도 많은 실권을 갖고 있다. 뿐만 아니라 아일랜드에서는 교회가 지정하는 여러 기념일들이 서구의 다른 나라들보다 엄격히 준수되고 있으며, 종교행사들도 다채롭게 열리고 있다.

아일랜드의 역사

선사시대 아일랜드의 역사와 켈트인

　아일랜드의 역사는 지금으로부터 1만 년 전 마지막 빙하기가 끝날 무렵 만년설이 녹아서 해수면이 높아짐에 따라 아일랜드가 영국 본토로부터 떨어져 나오면서 시작되었다. 수렵과 채집 또는 물고기를 잡아서 생활을 했던 이들은 스코틀랜드에서부터 연결된 좁은 육로를 가로질러 오늘날 북아일랜드의 앤트림 해안에 들어왔거나 작은 가죽 보트를 타고 아일랜드해를 건너서 들어왔다. 주로 해안가나 호숫가에 정착했던 이들 소규모 정착민들에 대해 알려진 것은 별로 없다. BC 4000년 무렵에는 신석기시대 사람들이 들어와서 농사를 짓거나 목축을 하면서 생활했는데, 이들은 들판에 돌로 담을 쌓거나 '뉴그랜지Newgrange(석실묘)'와 같은 기념비적인 고분古墳을 만들었다. BC 2000년 무렵 초기 청동기시대에 비커족(Beaker People, 도기로 만든 독특한 모양의 비커(컵)에서 유래함)이 금속 세공과 도기 만드는 기술을 유럽으로부터 아일랜드에 도입했는데, 이들은 아일랜드에서 초기 청동기시대를 연 장본인이다. 아일랜드의 청동기시대 금세공품들은 품질이 아주 우수해서 다른 유럽 지역과 교역을 트는 발판이 되었다.

아일랜드의 문화에 많은 영향을 끼친 켈트족 전사戰士 부족들은 BC 3세기 무렵에 중부 유럽에서 건너왔는데, 이들은 이미 남부 유럽의 많은 지역들을 정복하고 있었다. 그들은 호전적인 부족으로 영토를 넓히려는 야망으로 가득 차 있었다. 로마인들은 그들을 '갈리아 사람(Galli 혹은 Gauls)'이라고 불렀고, 그리스인들은 그들을 '켈토이Keltoi'라고 불렀다. 로마인들과 그리스인들은 야성을 지니고 있고 호전적인 켈트인들(AD 4세기에 로마를 약탈함)에 대해 두려움을 느끼곤 했다. 또한 켈트인들은 음주와 가무, 그리고 문학을 좋아하는 호탕한 기질을 가지고 있었다. 비록 그들은 정치 조직을 갖추거나 합리적인 사고를 하는 데는 미숙했지만, 초자연적인 존재와 영성을 믿고 멜랑콜리한 인생관을 소유한 상상력이 풍부한 종족이었다.

켈트인들은 아일랜드에 들어올 때 철기 문화를 가지고 왔으며, 들어온 지 채 200년도 안 되어서 확실한 기틀을 잡았다. 그들은 개인의 권리를 보호하고 분쟁을 정의롭게 해결하기 위해서 이른바 '브레헌 법(Brehon Law, 재판관을 아일랜드 말로 'brehon'이라고 함)'이라고 부르는 세련된 법 제도를 확립했는데, 이 제도는 17세기 초엽 영국의 행정법으로 대체될 때까지 사용되었다.

켈트인들이 정착하던 시대의 아일랜드는 렌스터, 얼스터, 코노트, 먼스터, 미스의 다섯 개 지역으로 나뉘었는데, 미스 지역은 나중에 렌스터에 통합되었다. 켈트 사회는 부족마다 가족 단위로 이루어진 사회 구성원이 모여 더 큰 부족의 구성원을 이루었다. 당시 각 지역을 통치하던 100여 명 이상의 군소 왕과 족장들이 있었는데, 미스 주에 있는 '타라 언덕(The Hill of Tara)'은 당대 가장 힘이 있는 켈트 시대 지도자들의 본거지였다.

켈트인들은 아일랜드를 1000년 동안 통치하면서 오늘날 아일랜드, 스코틀랜드, 웨일스, 그리고 유럽 변방에 잔존하고 있는 언어와 문화유산을 남겼다. 그들이 가지고 온 언어는 인도유럽어군에 속하는 '게일어(Gaelic, 당시에는 'Goidelic'이라 부름)'였다. 또한 그들이 사용한 문자는 영어의 알파벳과 유사한 '오검Ogham' 문자였다. 돌기둥이나 나무에 새겨진 이 문자의 흔적은 현재 아일랜드 전역에서 300개 이상 발견되었다. 그들은 도기 제조와 금속 세공에도 조예가 깊었는데, 거의 2000년 된 유물에 남아 있는 소용돌이와 미로 형태의 디자인은 독자적인 그들의 문화로 평가되고 있다. 또한 몇몇 탁월한 고대 켈트인의 디자인은 더블린 국립박물관에 있는 '브로이터 칼

러The Broighter Collar'와 골웨이 주에 있는 '투로 스톤The Turoe Stone' 등에서 발견할 수 있다.

켈트인의 종교는 이교정신(Paganism)이라는 특징이 있는데, 이교정신이란 기독교 이전의 종교적 윤리 체계를 의미한다. 켈트인의 이교정신은 크게 세 범주로 나눌 수 있다. 첫째는 범신론적 신비주의 사상이고, 둘째는 이교적 낙토樂土 사상이며, 셋째는 동양의 불멸-윤회 사상이다. 켈트인들은 이교정신을 담고 있는 '드루이드교(Druidism)'를 신봉했는데, 여기에서 중요한 사람은 '드루이드Druid' 사제였다. 드루이드는 인도의 카스트 제도의 제1계급인 '브라만Brahman'처럼 켈트인의 삶에서 중요한 역할을 했다. 그는 예언의 권능뿐만 아니라 신과 인간을 중재할 수 있는 능력을 지니고 있는 것으로 여겨졌기 때문에 켈트인의 사회에서 막강한 영향력을 행사했다. 그는 성직자, 예언자, 재판관, 시인, 철학자, 역사가, 교육자, 의사, 천문학자, 점성가, 마술사 등의 역할뿐만 아니라 제신諸神의 숭배 의식을 집행하는 한편, 부족과 개인 간의 분쟁을 판단하고 해결하는 심판관 역할도 했다. 하지만 켈트인들은 그들의 이교적 세계관으로는 마음의 공허를 채울 수 없었으며, 진정한 행복과 평안도 찾을 수 없었다. 따라서 그들은 기독교에 귀의하게 된다. (조신권, 19-44쪽)

오늘날 아일랜드에서 중요한 역할을 하고 있는 기독교는 3세기와 5세기 사이에 들어왔다. 아일랜드의 수호성인 성 패트릭(398~461) 이전에도 선교사들이 아일랜드에 온 적이 있지만,

토착 아일랜드인들을 개종시킨 것은 패트릭의 공이었다. 전해 오는 이야기에 따르면, 패트릭은 4세기 말에 영국 웨일스 서부 해안에서 태어났다. 그는 16세 때 아일랜드의 해적들에게 잡혀 아일랜드로 끌려갔고, 그곳에서 수년간 노예 생활을 했다. 나중에 그는 갈리아Gaul 지방으로 도망쳤고, 갈리아에 있는 수도원에서 수도사가 되었다. 그는 기도 중에 아일랜드로 선교하러 가라는 계시와 부름을 받고 주교가 된 뒤, 432년 무렵 아일랜드로 왔다.

그가 선교할 때 좋은 도구가 된 것은 아일랜드 들판에 지천으로 널려 있는 토끼풀이었다. 성부와 성자와 성령이 하나라는 기독교의 '삼위일체론'을 설명하기 위해 그는 잎이 셋 달린 '샴록Shamrock(세잎클로버)'을 들어 보이곤 했다. 그는 마침내 아마Armagh 대성당을 건립해 이곳을 기점으로 해서 모든 아일랜드 사람들을 기독교로 개종시키고자 했다. 그의 전도는 성공해서 전도한 지 채 30년도 안 되어 아일랜드 섬에 살고 있던 거의 모두가 기독교를 받아들였다. 그의 본거지는 오늘날 북아일랜드의 '아마'였다. 기록에 따르면, 그는 461년 3월 17일에 영면했다. 지금도 그가 세상을 떠난 3월 17일은 '세인트 패트릭 데이Saint Patrick's Day'로 지정되어 전 세계적으로 기념되고 있다. 이날이 되면 세계 곳곳에 있는 아일랜드인들은 성 패트릭 모자와 초록색 옷으로 온 몸을 치장하고, 퍼레이드를 벌이며, 기네스 맥주를 마신다.

7~8세기 무렵에 이르러 기독교가 널리 보급되면서 문학과

예술이 화려하게 꽃피기 시작했다. 이때에는 시, 노래, 돌 조각, 장식 기술, 보석 세공 등 모든 분야가 번창하는 이른바 문화의 황금시대였다. 곳곳에 세워진 수도원이 문화의 중심지 역할을 했다. 당시 유럽의 대부분 지역이 중세 암흑기로 접어들었지만, 유독 아일랜드만이 화려한 켈트 문화를 꽃피우며 '성자와 학자의 나라'로 널리 알려지게 되었다. 수많은 학자들이 학문을 배우기 위해 유럽 전역에서 몰려들었고, 아일랜드의 선교사들은 유럽을 두루 여행하면서 스위스, 스페인, 프랑스, 심지어 영국의 이교도들까지 개종시켰다. 수도원의 수사들은 금속 및 각종 재료들로 아다 찰리스Ardagh Chalice나 타라 브로치Tara Brooch 같은 화려한 예술품은 물론이고, 오늘날 트리니티 대학(Trinity College Dublin)의 올드 라이브러리Old Library에 소장되어 있는 '켈스 지방의 책(Book of Kells, 세계적으로 유명한 필사본 복음서)'을 비롯해 우아하고 정교한 장식 사본寫本들을 만들었다. 오팔리Offaly 주에 있는 클로맥노이스Clonmacnoise와 윅클로Wicklow 주에 있는 글랜달로Glendalough는 당대의 대표적인 수도원이다.

바이킹의 침략

8세기 말에 바이킹들이 약탈품을 찾아 아일랜드를 침입했다. 그들은 AD 795년에 날렵하고 튼튼한 배를 타고 더블린 인근에 있는 램베이Lambay 섬에 최초로 상륙했다. 그들은 동해안을 따라서 기습 공격을 감행했고, 강을 따라서 내륙으로 잠입을 시도했다. 이후 그들은 요새화된 기지를 세우고 당시 번창하던 수도원을 약탈하기 시작했다. 처음에 아일랜드인들은 부족 간의 갈등으로 인해 바이킹의 침략에 제대로 대항하지 못했다. 또한 잘 무장한 바이킹들을 상대하기에는 무기와 군대도 역부족이었다. 게다가 아일랜드 토착민 약탈자들도 개인적인 이득을 얻기 위해 바이킹의 습격에 가담했다. 수사들은 방어를 하기 위해 아주 높은 원형 탑(round tower)을 세웠는데, 이 탑들은 공격을 받을 때 망루나 피신처 역할을 했다. 오늘날 글랜달로에 있는 수도원 유적지에 가 보면 현존하고 있는 이 원형 탑의 모습을 볼 수 있다.

9세기와 10세기에 바이킹들은 아일랜드 전역을 점령했고, '덥 린Dubh Linn(어원으로는 '검은 연못(Black Pool)'이라는 뜻)'이라는 작은 바이킹 왕국을 세웠다(841). 이곳은 나중에 오늘날 아일랜드 공화국의 수도인 더블린이 되었다. 그들은 또한 오늘날 윅클로, 워터퍼드Waterford, 웩스퍼드Wexford로 부르는 도시들도 세웠다. 이들 바이킹들은 아일랜드 역사에서 약탈자가 아니라 근대적인 의미의 도시를 세운 교역자交易者로 기억된다. 뿐만 아니라 그들은 주조 화폐, 선박 축조 기술, 새로운 예술 양식 등을 도입하는 데에도 기여했다.

이들의 존재는 아일랜드의 여러 부족들이 하나로 단결하는 계기가 되었다. 바이킹족은 1014년에 더블린 교외에 있는 클론타프Clontarf에서 당시 먼스터의 왕인 브라이언 보루Brian Boru

가 지휘하는 군대에게 패했다. 그 결과 바이킹족의 지배는 와해되었다. 이후 바이킹족은 토착 아일랜드인들과 서로 결혼도 하면서 아일랜드의 여러 지역에 머물다가 바이킹족의 후예인 노르만족에게 병합되었다.

노르만 정복

노르만족은 원래 스칸디나비아 반도에서 온 사람들로 오늘날 프랑스의 노르망디 지역에 정착해서 살았으며, 1066년 정복자 윌리엄(William the Conqueror)의 영도 아래 영국을 침략했다. 그들이 1세기 뒤에 아일랜드에서 교두보를 확보할 수 있었던 것은 1166년 경쟁 관계에 있던 왕들에 의해서 추방된 당시 렌스터의 왕인 더모트 맥머로Dermot MacMurrough와의 일종의 거래를 했기 때문이다. 이때 맥머로는 영국으로 달아났는데, 여기에서 헨리 2세와 펨브로크Pembroke의 백작 리처드 핏즈-길버트 데 클레어Richard Fitz-Gilbert de Clare를 만났다. 스트롱보우Strongbow로 더 잘 알려진 데 클레어는 맥머로의 딸과의 결혼과 맥머로 사후에 렌스터 왕국을 상속한다는 조건으로 아일랜드에 군대를 파견하는 데 동의했다.

1169년 5월에 최초의 앵글로-노르만 군대가 웩스퍼드 주에 있는 '밴나우 만(Bannow Bay)'에 상륙했고, 맥머로는 이 군대의 도움으로 웩스퍼드와 더블린 시를 쉽게 점령했다. 다음 해 스트롱보우가 도착해서 피비린내 나는 전투를 치른 뒤에 워터퍼드를 점령했고, 맥머로의 딸 이바Eva와 결혼했다. 이후 맥머로는 채 1년도 안 되어 세상을 떠났고, 스토롱보우는 계약 조건에 따라 렌스터의 왕권을 요구했다.

한편, 헨리 2세는 교황으로부터 아일랜드의 지배자로 인정받으려는 조치를 취하고, 스토롱보우가 하는 일을 지대한 관심과 불안한 마음으로 지켜보고 있었다. 영국 왕에게는 스토롱보우의 세력이 커가는 것과 그의 독자적인 행보가 큰 관심사였다. 마침내 1171년 헨리는 영국의 막강한 해군 병력을 위터퍼드에 상륙하도록 했으며, 워터퍼드를 '왕의 도시(Royal City)'로 선포하도록 했다. 이로써 길고도 운명적인 영국의 아일랜드 통치의 씨앗이 뿌려지게 되었다.

노르만들은 그들 이전의 바이킹족들처럼 아일랜드에 정착해서 토착 문화에 쉽게 동화되었다. 그들은 게일어를 사용하고, 아일랜드 가문과 결혼했으며, 아일랜드인들처럼 옷을 입었고, 아일랜드의 민속놀이를 했으며, 성姓도 아일랜드 말로 바꾸어 사용했다. 마침내 1366년 영국 왕은 '킬케니 성문법(The Statutes of Kilkenny)'을 제정해 이와 같은 추세를 뒤엎고자 했다. 이 법의 취지는 인종과 문화를 분리하는 정책을 취함으로써 두 종족 간의 융합을 막고, 영국 왕실의 통치권을 강화하는 것이었다.

그러나 이러한 조치들은 때늦은 감이 있었다. 왜냐하면 이 시기에 앵글로-노르만 귀족들은 토착민들과 결속해 이미 독자적인 세력 기반을 갖추고 있었기 때문이다. 이후 2세기 동안 영국의 통치는 당시 '페일The Pale(울타리나 경계를 뜻하는 말로 영국의 통치 지역을 의미함)' 지역으로 알려진 더블린 인근 지역으로 점차 축소되었다.

노르만족들이 아일랜드인들의 생활 방식에 미친 영향은 지대했다. 그들은 봉건제도와 중앙집권적인 행정제도를 들여왔는데, 이는 기존의 씨족 중심의 사회제도와는 완전히 다른 것이었다. 뿐만 아니라 그들은 뛰어난 군사 기술 및 법 제도와 독특한 건축 기술도 가지고 왔다. 그들은 토착민들의 땅을 몰수해 신흥 영주들에게 팔아넘기고, 군사적 구조물로 거대한 성을 축조해 이곳에서 광활한 농경지를 관리했다. 1250년 무렵에 이르러 노르만족은 아일랜드를 거의 정복해 전 국토의 4분의 3이 이들의 수중에 들어갔다.

군주의 지배권 행사

16세기에 영국에서 헨리 8세가 왕위에 오르자 아일랜드의 정치, 사회, 종교 영역에 새로운 문제가 야기되었다. 헨리 8세는 아일랜드 문화에 동화되어 자기에게 복종하지 않는 노르만 귀족들 대신에 더블린에 왕의 대리인을 파견함으로써 아일랜드를 통치하고자 했다. 이러한 조치는 정치적 긴장을 고조했다. 그러나 이보다 더 큰 긴장과 분규는 종교 문제에서 비롯되었다. 그가 로마 교황청과 결별을 선언하고 영국 국교회(The Church of England)를 세운 데 반해, 토착 아일랜드인들과 노르만인들은 가톨릭을 신봉하며 공동의 유대를 더욱 강화해 나갔기 때문이다. 페일 지역에 사는 영국인들은 새로운 영국 정부를 열렬히 지지하는 한편, 음모를 꾸며 킬데어Kildare의 백작들을 제거하려 했다.

한편, 유럽의 가톨릭 국가들은 신교 국가로 새롭게 부상하고 있는 영국의 세력을 가톨릭 국가인 아일랜드를 이용해 저지하고자 했다. 이에 맞서 영국의 헨리 8세는 프랑스와 스페인이 아일랜드를 이용해 침략해 올 것을 염려한 나머지 통치권 강화에 나섰다. 그는 집요하게 저항하며 영향력을 행사하는 킬데어의 백작들(앵글로-노르만 피츠제럴드Fitzgerald 가문의 사람들)을 토벌하려 했는데, 그들이 계속하여 자신의 통치권에 심각한 위협이 되었기 때문이다.

당시 킬데어를 통치하던 백작의 아들인 실큰 토마스Silken Thomas는 헨리 왕이 자기 아버지를 처형했다는 거짓 구실을 들어 1534년 더블린과 그곳의 영국 수비대를 공격했다. 이에 분노한 헨리 왕은 더욱 과감한 공격으로 보복했다. 결국 반란은 진압되었고, 토마스와 그의 추종자들은 처형되었다. 또한 이에 대한 보복으로ㅡ이는 이후 2세기에 걸쳐서 계속 자행되었지만ㅡ피츠제럴드 가문의 토지는 영국인 이주민들에게 무상으로 주었고, 영국인 총독을 임명했다.

이어서 헨리는 캐서린 왕비(Catherine of Aragon)와의 이혼 문제로 관계가 불편하던 가톨릭교회의 재산 몰수에 나섰다. 헨리의 군대는 아일랜드에 있는 수도원을 약탈하고 해체한 뒤

1541년에 드디어 아일랜드 의회로 하여금 자신을 아일랜드의 왕으로 선포하도록 했다.

헨리의 뒤를 이은 엘리자베스 1세는 아일랜드에서 왕권 강화를 더욱 공고히 했다. 지역의 지배 계층이 잇따라 반란을 일으켰지만 코노트와 먼스터에 사법권을 확립했다. 얼스터는 아일랜드 족장들의 최후의 전초지前哨地였다. 티론Tyrone의 백작인 휴 오닐Hugh O'Neill은 아일랜드에서 엘리자베스 여왕의 세력에 대항한 최후의 인물이었다. 오닐은 자신의 성城의 지붕을 개조한다는 명분으로 영국에 납을 주문해서 이것을 총알의 재료로 사용했다. 이 일은 영국과의 불화를 부추겼고, 결국 '9년 전쟁(1594~1603)'을 유발했다. 그는 용감하고 수완이 뛰어난 인물이었으므로 영국 군대는 그와 대항한 첫 7년간의 전투에서 이렇다 할 성과를 거두지 못했다.

1601년 킨세일 전투(The Battle of Kinsale)에서 4500명의 스페인 원군의 지원을 받은 아일랜드 군대는 결국 영국군에게 패했다. 이 전투에서 오닐이 살아남긴 했지만, 그의 세력은 와해되어 마침내 영국 왕에게 항복했다. 그리고 1607년에 오닐과 90명의 얼스터 귀족들은 아일랜드를 영원히 떠나 유럽대륙으로 도주했다. '백작들의 도주(The Flight of the Earls)'로 알려진 이 사건은 얼스터 지역이 영국의 식민 통치를 받는 단초가 되었다. 이제 역사상 처음으로 전 아일랜드가 더블린에 중심을 둔 강력한 영국 정부에게 식민 통치를 받게 되었다. 심지어 아란Aran 섬과 같이 멀리 떨어진 곳도 왕의 대리인이 통치했다.

토착 귀족들이 사라지자 엘리자베스와 그녀의 후계자 제임스 1세는 플랜테이션The Plantation이라고 알려진 본격적인 식민 정책을 시행했다. 즉, 토착민들과 노르만인들로부터 티론, 도네갈, 아마, 앤트림에 있는 50만 에이커에 달하는 방대한 옥토를 몰수해 영국의 귀족들에게 나누어 주었다. 대부분이 부재지주였던 영국의 귀족들은 받은 토지를 분할해 영국과 스코틀랜드에서 건너온 새로운 이주민들에게 임대했으며, 그들은 다시 토지를 나누어 소작인들에게 임대했다. 이들 신교도 (주로 스코틀랜드계 장로교도) 새 지주들은 이전의 침략자들과는 다르게 토착 아일랜드 사람 및 앵글로-노르만 가톨릭교도들과 쉽사리 동화하려 들지 않았다. 이는 결국 오늘날까지 이어지는 얼스터 분규의 씨앗을 뿌린 역사적인 사건이 되었다.

심화되는 종교 분규

1640년대에 걸쳐 한동안 지속된 영국의 내란은 아일랜드의 정세에 심각한 영향을 미쳤다. 아일랜드의 토착민과 앵글로-노르만 가톨릭교도들은 1641년에 이른바 '킬케니 동맹'을 맺고, 아일랜드에서 가톨릭 세력의 회복을 희망하며 신교도 의회군에 대항하는 찰스 1세를 도왔다. 10년간의 반란 기간 동안 수많은 사람들이 아일랜드 땅에서 피를 흘렸다.

찰스가 패해서 처형된 뒤, 승리를 거둔 의회군 지도자 올리버 크롬웰은 아일랜드에서 질서를 회복시키고자 했다. 크롬웰은 1649년에 아일랜드로 진군해 드로게다Drogheda에서 무차별 대량 학살을 자행한 뒤, 국토 전역을 유린하면서 대다수 국민들을 죽음의 공포로 떨게 했다. 그의 야만적인 행위에 대한 소문이 빠르게 퍼져나가자 대다수의 도시는 그의 군대가 접근해 오면 아무런 저항도 하지 않고 항복했다. 많은 아일랜드 토착민들은 재산을 몰수당하고 샤논강 너머에 있는 황량하고 척박한 코노트 지역으로 추방되었다. "지옥으로 갈래? 아니면 코노트로 갈래?"라고 하는 말은 바로 이때 생겨난 말이다. 국토의 25% 이상인 200만 헥타르의 땅이 몰수되어 크롬웰 지지자들의 수중으로 넘어갔고, 인구는 조직적인 학살과 기근 그리고 역병으로 인해 50만 명으로 줄었다.

크롬웰이 죽은 뒤 영국에서 왕정이 복구되었고, 당시까지 심한 박탈감에 사로잡혔던 아일랜드인들은 1685년 가톨릭교도인 제임스 2세가 왕위에 오르자 희망을 갖게 되었다. 하지만 영국 신교도들은 제임스 2세의 종교 성향과 귀족정치 체제의 징후에 대해 불만을 품었다. 얼마 지나지 않아 제임스 왕의 신교도 딸과 결혼한 오렌지공☆ 윌리엄을 왕위 계승자로 추대했다. 1689년 제임스 2세는 프랑스로 망명했으나 곧 아일랜드로 가서 망명의회를 구성했다. 그는 아일랜드에서 군대를 모아 의회가 임명한 신교도 왕 윌리엄으로부터 왕위를 되찾고자 했다. 제임스는 3월에 킨세일에 도착해서 곧바로 북쪽 더블린으로 향했다. 여기에서 아일랜드 의회는 그를 왕으로 인정했고, 몰수된 토지를 가톨릭 지주들에게 되돌려 주려고 시도했다. 이 목적을 위해서 제임스의 군대는 데리Derry 시를 포위한 뒤 공격했다. 이때 많은 사람들이 굶어죽었는데, 이후 아일랜드 신교도들 사이에서 '굴복하지 말라(No Surrender!)'라는 구호가 나돌게 된 것은 이 포위 공격 때문이었다.

이 포위 공격은 1690년 4월부터 7월까지 지속되었는데, 이때 3만6000명의 병사를 이끌고 윌리엄의 배가 상륙했다. 곧이어 스코틀랜드 출신의 제임스 2세가 이끄는 아일랜드 가톨릭 군대와 네덜란드 출신의 윌리엄이 이끄는 영국의 신교도 군대는 7월 12일 보인강(The Boyne River)에서 치열한 '보인 전투'를 벌였다. 결국 제임스가 패배해 그는 군대와 함께 또다시 망명길에 올랐다. 이로써 윌리엄의 군대는 심리적인 면에서나 전략적인 면에서 완벽한 승리를 거두었다. 이날 윌리엄의 승리는 역사의 전환점으로 기록되고 있으며, 오늘날까지도 북아일랜드의 신교들 사이에서 '교황과 가톨릭'에 대항해 거둔 가장 중요한 승리로 기념되고 있다.

리머릭은 또 다른 치열한 격전의 현장이었다. 이 전투에 대한 기억 또한 아일랜드인들의 뼛속 깊이 사무쳐 있다. 1691년에 이른바 '리머릭 협정'이 조인됨에 따라 1만4000명에 달하는 아일랜드 가톨릭 무장 군인들이 '기러기(The Wild Geese)'가 되어 아일랜드 땅을 영원히 떠났다. 리머릭에 남아 끝까지 그 지역을 사수한 이들은 생업에 계속 종사할 권한과 종교의 자유를 얻었지만, 이 약속은 '조인서의 잉크가 마르기도 전에' 교묘한 방법으로 파기되었다. 이후 얼마 지나지 않아 가톨릭교도들의 아일랜드 토지 점유율은 전체 토지의 7분의 1 이하로 줄었고, 더욱 악랄한 조치들이 잇따랐다.

가톨릭교도들의 토지 소유를 금하고 공직에 취업하는 것을 금하는 극악한 '형법(The Penal Laws)'이 1695년에 효력을 발휘했다. 이 형법은 가톨릭교도들이 지배 체제에 편입되지 못하도록 할 필요가 있다고 판단한 지역들에서 실시되었다. 가톨릭을 근절하기 위해서 아일랜드의 문화와 음악 그리고 교육이 금지되었다. 대부분의 가톨릭교도들은 은밀한 장소에서 미사를 거행했지만, 법률가 같은 전문 인력과 부유한 지주들은 그들의 지위와 재산을 보존하기 위해 신교로 개종했다. 종교보다는 계급적 특권과 토지 소유가 더 중요했기 때문이다. 토지는 계속해서 신교도들의 수중으로 넘어갔고, 대다수의 가톨릭교도들은 만성적인 가난에 시달리며 비참한 생활을 하는 소작인으로 전락했다. 18세기 말 무렵에 이르러 가톨릭교도들은 전국 토지의 겨우 5%만을 소유하고 있었다.

아일랜드 민족주의의 대두

미국의 독립전쟁은 아일랜드의 정치에 큰 영향을 미쳤다. 독립전쟁은 아일랜드 신교도 지배 계층이 자치 정부를 설립하도록 자극했다. 1782년 더블린 의회는 헨리 그래탄Henry Grattan(1746~1820)의 노력으로 명실상부하게 독립적인 지위를 인정받았다. '자유, 평등, 박애'를 기치로 내건 프랑스 혁명 역시 아일랜드의 정세에 많은 영향을 주었다. 이러한 여파로 아일랜드에서는 1791년에 '아일랜드 연합(The United Irishmen)'이라는 단체가 설립되었다. 이 단체를 이끈 주도적 인물은 더블린 출신의 젊은 신교도 테오발드 울프 톤Theobald Wolfe Tone (1763~1798)이었다. 아일랜드 연합은 개혁을 위해 다양한 신념을 가진 사람들을 결속하게 만들고, 무력을 사용해서 영국과의 관계를 청산하며, 아일랜드인이라는 공통의 이름으로 신교도, 가톨릭교도, 비非국교도의 통합을 꾀한 일종의 비밀결사 조직이었다. 그러나 정치에 직접 개입함으로써 세력을 확보하고자 했던 이 단체의 노력은 결국 수포로 돌아갔다.

영국과 프랑스 사이에 전쟁이 일어나자 아일랜드 연합의 구성원들은 이 단체에만 안주할 수가 없었다. 그들은 온갖 수단을 동원해 변화를 도모할 수 있는 지하 조직을 다시 결성했다. 울프 톤은 당시 영국과 전쟁을 벌이고 있던 프랑스 혁명정부에 도움을 요청했다. 보수적인 신교도들은 나중에 '오렌지 단團'으로 알려진 '오렌지 결사(The Orange Society)'를 조직해 장차 일어날지도 모를 충돌에 대비하고자 했다.

1796년에 수천 명의 병사와 울프 톤을 태운 프랑스 함대가 코크 주에 있는 밴트리 해안을 향해 나아갔다. 그러나 해안의 역풍과 궂은 날씨 때문에 상륙할 수가 없었다. 실의에 빠진 울프 톤과 함대는 프랑스로 되돌아가야만 했다. 영국 정부와 더블린 캣슬Dublin Castle(행정부 청사 건물) 행정부는 안도의 한숨을 내쉬었다. 실로 일촉즉발의 순간이었다.

곧이어 아일랜드에 있는 영국 정부는 조직적으로 비밀결사 구성원을 색출하는 작업에 나섰다. 인정사정없는 매질과 모진 고문은 마침내 1798년에 무장 민중 봉기를 야기했다. 특히 존 머피John Murphy 신부가 이끈 웩스퍼드 주는 가장 격렬하게 저항했다. 결국 반란군은 작은 승리를 거두었으나 결국 에니스코시Enniscorthy 외곽에 있는 비니거 힐Vinegar Hill에서 패하고 말았다.

집요한 울프 톤은 또 다른 프랑스 함대를 이끌고 1798년에 뒤늦게 귀환했으나 역시 바다에서 패하고 말았다. 그는 생포되어 더블린으로 이송되었는데, 나중에 감옥에서 자살했다. 이로써 아일랜드 연합의 활동도 막을 내렸다.

민중 봉기가 잇따르자 불안을 느낀 신교도 지배 계층은 영국 정부에 도움을 요청했다. 영국 정부는 1800년에 '연방법(The Act of Union)'을 제정해 의회를 해산하고 아일랜드를 영국의 정식 속국으로 만들었다. 헌법상으로 이 병합은 1912년까지 지속되었으나 이 기간 동안 수많은 반란이 일어나 많은 영웅과 비극적인 순교자를 배출했다. 이는 곧 현대 아일랜드 문화의 내면을 구성하는 아일랜드의 전설과 민요를 낳았다. 그러한 영웅들 중의 한 사람이 케리 주 출신의 다니엘 오코넬Daniel O'Connell(1775~1847)이다.

오코넬은 프랑스에서 과격한 프랑스 혁명을 지켜보면서 자랐기 때문에 폭력을 싫어했으며, 한편으론 정치적인 목적을 이루기 위해 대중 집회를 능수능란하게 이용할 줄 아는 타고

난 개혁가였다. 그는 1823년에 가톨릭교도들의 정치적 평등을 이루기 위한 '가톨릭 연합'을 결성했는데, 이 단체는 곧이어 대규모 평화 시위와 행동을 개시할 수 있는 기구가 되었다. 1826년 총선거에서 이 단체는 가톨릭교도 해방을 지지하는 신교도 후보들을 지지함으로써 힘을 과시했다. 또한 오코넬은 1828년에 가톨릭교도로서 클레어 주에서 하원의원으로 선출됨으로써 영국 정부를 곤경에 빠뜨렸다. 드디어 1829년에 많은 하원의원들의 지지를 얻어 '가톨릭교도해방법(The Act of Catholic Emancipation)'이 통과되었다. 이후 몇몇 부유한 가톨릭교도들은 투표권과 하원의원에 출마할 수 있는 피선거권을 얻었고, 오코넬은 민족의 '해방자'로 추앙받았다.

'가톨릭교도해방법'이 통과됨으로써 한 가지 목적을 달성한 오코넬은 '연방법' 철회를 통해 '가톨릭을 믿는 의원이 포함된' 더블린 의회를 되찾고자 했다. 1843년에 오코넬은 아일랜드 전역에서 50만 명의 사람들이 그의 연설을 듣기 위해 모여든 이른바 '몬스터 회의'를 열어서 연방법 철회를 지지하는 대규모 운동을 이끌었다. 그는 이러한 대규모 군중집회가 영국 정부를 위협해 용이하게 의회를 회복할 수 있을 것으로 생각했다. 하지만 영국 정부와 유혈 충돌이 일어나는 것은 원하지 않았다. 마침내 영국 정부는 클론타프에서 열릴 예정이던 모임을 금지했다. 오코넬은 영국 정부의 예상대로 평화와 공공질서 유지라는 명분으로 모임을 취소했다. 이 사건은 아일랜드 정치사에서 오코넬의 영향력이 사라지는 것을 의미했다. 능력과 정치 수완이 있는 오코넬에게 꿈과 희망을 걸었던 다수의 추종자들도 그를 외면하기 시작했다. 오코넬은 1844년 체포되어 잠시 복역한 뒤 석방되었다. 이후 그는 평화주의가 실패하는 것을 지켜보고 폭력을 사용하는 것을 지지하는 '청년아일랜드운동(The Young Ireland Movement)' 단체와 종종 마찰을 빚었으나, 끝내 이전의 영향력을 회복하지 못하고 1847년에 세상을 떠나고 말았다.

오코넬의 노력은 결국 실패로 끝났다. 그의 행동이 민족의 자각심을 불러일으킨 것은 사실이지만, 그는 영국의 힘에 대항해 자신의 의지를 실행에 옮길 만반의 준비를 하지 못했다. 오코넬은 교회 문제에서도 쉽게 굴복했으며, 영국의 강권통치에 대항하는 저항 의지가 부족해 결국 운동권을 분열하게 만들었다. 또한 영국에 대항하기 위해 폭력 수단을 사용하는 또 다른 조직이 결성되는 원인을 제공했다. 하지만 오코넬의 업적은 인정을 받아 아일랜드 영웅 신화의 일부가 되었다. 또한 아일랜드 독립 이후 원래 샤크빌 거리(Shakville Street)라고 부르던 더블린의 번화가는 그를 기념하기 위해 오코넬 거리로 이름을 바꾸었고, 오늘날까지도 그렇게 부르고 있다.

대기근, 페니어회, 토지연맹, 파넬

19세기의 아일랜드 역사는 1845년부터 1851년까지 지속된 '대기근'과 그 여파에 대한 기록이다. 이 사건은 인류 역사에서 가장 참혹한 사건 중의 하나로 알려져 있다.

아일랜드는 전통적으로 농업 국가였다. 전 유럽으로 번지고 있던 산업혁명조차 이 땅에는 미치지 못했다. 아일랜드는 언제나 영국의 곡창지대 역할을 했으며, 인구의 70%인 농민들은 거의 모두가 자기 땅이 없는 소작농이거나 영세 농가였다.

한편, 아일랜드 인구는 가톨릭 국가의 특성상 가족계획 금지로 인해 18세기와 19세기에 걸쳐 꾸준히 증가했다. 당시에 많은 소작농들은 값비싼 임대료를 지불하기 위해서 밀과 옥수수 같은 환금성 작물을 경작했지만 자신들의 생계를 위해서는 보관하기 어려운 감자에만 의존하고 있었다.

그런데 1845년에 감자 농사가 흉년이어서 대재앙이 일어났다. 1845년 여름, 감자의 푸른 줄기들이 쑥쑥 꽃잎을 밀어낼 때였다. 그런데 하늘에서 뜨거운 비라도 내린 듯이 갑자기 온 들판의 감자들이 쓰러져 누웠다. 어제까지도 싱싱했던 감자 잎들이 하룻밤 사이에 이렇게 말라비틀어진 것이다. 농부들은 이 재앙의 원인을 알 수가 없어 하늘만 쳐다보았고, 그 사이 감자는 뿌리까지 썩어 들어갔다. 이 감자 잎마름병(blight)은 허리케인과도 같았다. 이 병은 메이요Mayo, 슬라이고Sligo, 골웨이Galway, 코크Cork 등 서남부 해안 지방을 삽시간에 강타하더니 내륙을 거쳐 동쪽으로 빠져 나가면서 그 기세가 조금씩 약화되었다.

이 기근 동안 가장 큰 피해를 입은 곳은 '게일어 사용 지역(겔탁트Gaeltacht)'이었다. 사람들은 자기 집에서 굶어 죽거나 집에서 내쫓긴 채로 벌판이나 거리에서 죽어 갔다. 더러는 지주의 집 앞에서도 죽었다. 지주들의 풍성한 식탁과 먹고 마시고 즐기는 그들의 파티를 바라보면서 원망과 탄식을 하면서 죽어 갔다. (윤정모, 211~220쪽)

1851년에 아일랜드 땅은 완전히 폐허가 되었다. 참혹한 7년 간의 기근이 끝나가고 있었다. 1845년 인구조사에 따르면, 아일랜드의 인구는 800만 명에 이르는 것으로 나타났다. 그러나 대기근이 끝난 7년 뒤인 1851년에는 인구가 600만 명으로 줄었다. 100만 명의 인구가 굶주림 혹은 이질, 티푸스, 콜레라와 같은 질병으로 죽었다. 그리고 100만 명 정도의 인구는 당시 '관선官船(Coffin Ship)'이라 부르는 낡은 배에 몸을 싣고 영국, 호주, 캐나다, 미국 등지로 떠났다. 이 배에 이와 같은 이름이 붙게 된 이유는 승선한 사람들의 약 5분의 1이 항해 중 사망했기 때문이다. 당시 『런던 타임London Time』지는 "얼마 가지 않아 아일랜드 땅에서 사는 아일랜드인들의 수는 미국에 있는 인디언들만큼이나 드물게 될 것이다"라고 보도한 바 있다.

대기근 자체는 지진이나 해일 같은 자연재해이다. 하지만 분명한 것은 아일랜드에 대한 영국의 정책이 상황을 더욱 악화시켰다는 점이다. 이 사건은 이후에 아일랜드인들의 가슴속에 영원히 지워지지 않는 영국인에 대한 '한(bitterness)'을 품게 만들었다.

당시 가난과 기아를 피해 해외로 나간 수많은 아일랜드인들은 현지의 정치 문제뿐만 아니라 그들이 떠나온 조국의 국내 문제에도 적극 관여함으로써 힘을 과시했다. 이들은 1858년 성 패트릭 축일에 더블린 목재 야적장에서 제임스 스테판스James Stephens와 존 오마호니John O'Mahony를 주축으로 미화 400달러의 기금을 모아 '페니어회(The Fenian Brotherhood, 아일랜드의 독립을 목적으로, 주로 미국에 살고 있는 아일랜드 사람들로 구성된 비밀결사'를 구성했다. 이 단체는 나중에 '아일랜드 공화단(The Irish Republican Brotherhood, IRB)'이 되었으며, '아일랜드 공화군(The Irish Republican Army, IRA)'도 이 단체로부터 생겨났다. '페니어Fenian'라는 명칭은 켈트 시대의 전설적인 영웅 전사들의 무리를 일컫는 '피어나Fianna'에서 유래되었다. 이 단체는 무력에 의존해서 급진적이고 혁명적인 방법으로 아일랜드 공화국을 건설해 조국의 독립을 앞당기려는 비밀결사 조직이다. 따라서 이 단체는 처음부터 급진적인 경향과 무력 사용을 문제 삼는 가톨릭교회와 끊임없이 부딪혔다. 그러다가 1867년에 무력으로 영국 군대에 잠입하려던 계획이 실패로 끝나자 위세가 약화되었다. 그 뒤에 이 단체의 잔존 세력은 1879년 10월에 결성된 '토지연맹(The Land League)'으로 활동 방향을 바꾸었는데, 이 연맹이 군사적, 물리적 폭력을 사용할 수 있는 명분을 제공했다.

대기근이 휩쓸고 지나간 뒤 몇 년이 흘러 상황이 호전되자 소작인들의 안정적인 일자리, 합리적인 지대地代, 토지권을 자유롭게 판매할 수 있는 권리 등을 쟁취하기 위해 마이클 데빗Michael Davitt이 주도해 '토지연맹'을 결성했다. 그와 동시에 민족주의 운동의 싹이 움트기 시작했다. 하지만 영국 정부를 실질적으로 변화하게 만든 것은 의회의 안과 밖에서 정치 수완을 발휘한 찰스 스튜어트 파넬Charles Stewart Parnell(1846~1891)의 지도력 덕분이었다.

파넬은 1875년에 웨스트민스터 의회의 하원의원으로 선출되었다. 그는 위클로 주의 신교도 지주의 아들로 여타의 앵글로-아이리시 지배 계층과 많은 공통점이 있었다. 그러나 파넬의 어머니는 미국인이었고, 그의 아버지는 미국 독립전쟁에서 영국에 대항해서 싸운 사람이었다. 따라서 파넬의 가족은 아일랜드가 영국으로부터 독립해야만 한다는 원칙을 고수했다. 파넬은 의회에서 거북한 질문을 자주 하는 열정적이고 다루기 힘든 사람으로 주목받기 시작했다. 31세 때에는 신新자치당(The New Home Rule Party)의 당수가 되어 제한적이나마 아일랜드의 자치(Home Rule, 연방법 철회에 대한 새로운 명칭)를 주장했다.

1879년에 또다시 감자 농사가 흉작이 되자 지주들이 소작인들을 마구 내쫓아서 다른 형태의 기근이 찾아왔다. 미국에서 수입한 값싼 옥수수는 곡물 값을 크게 떨어뜨렸으며, 이와 함께 곡물을 재배하는 소작인들의 수입도 줄어들었다. 그러자 이전에 페니어회의 일원이었던 데빗은 소작인들을 불러 모았고, 같은 생각을 지닌 파넬과도 손을 잡았다. 데빗과 파넬은 힘을 합쳐서 소작료를 줄이고 노동 조건을 개선하기 위한 전국적인 시위운동을 전개했다. 지주와 소작인들의 갈등은 점점 더 폭력적인 양상을 띠었다. 이 연맹의 가장 효과적인 전술 가운데 하나가 보이콧 운동(boycotting)이었다. '보이콧Boycott'이란 말이 영어에 등장하게 된 것도 바로 이때였다. 이 말은 당시 메이요 주의 토지 대리인이었던 보이콧Boycott 대위에게 처음으로 적용되었는데, 이 지역 주민들은 소작인을 내쫓은 보이콧 농장의 추수를 거부했다. 이러한 대처 방안은 토지연맹이 제안한 것으로 아주 큰 효과를 발휘했다. 파넬은 토지연맹이 내건 목적에 따르지 않는 지주, 대리인, 소작인을 '보이콧' 하도록 부추겼다. 즉, 이들과는 사회적, 상업적으로 접촉을 금해 이들을 마치 나병환자 대하듯 하자는 것이었다.

'토지전쟁'으로 알려진 이 운동은 1879년부터 1882년까지 지속되었으며 아주 큰 의미가 있었다. 처음으로 소작인들은 지주들에게 집단으로 대항했고, 1881년에 발효된 '토지법'은 소작인들의 삶의 질을 개선하는 데 상당한 기여를 했다. 이후 소작인들에게는 공정한 소작료가 부과되었고, 소작인이 토지를 소유할 수 있는 가능성도 열렸다.

1882년에 영국 왕이 임명한 아일랜드의 일등 서기관 카벤디쉬Cavendish 경과 이등 서기관 토마스 버크Thomas Burke가 토지연맹과 연관이 있는 자치주의자들에게 살해되자 위기가 고조되었다. 그러나 토지개혁은 순조롭게 진행되었고, 파넬은 자치 문제로 관심을 돌렸다. 파넬은 의회에서 자신을 지지해 줄 것을 요청했다. 그는 아일랜드의 자치를 지지하는 윌리엄 글래드스톤William Gladstone(1809~1898) 수상과 각별한 관계였다. 그러나 자치 법안(Home Rule Bill)은 글래드스톤이 소속된 자유당의 분열과 그의 실각으로 실패하고 말았다.

한편, 파넬의 운명도 끝나가고 있었다. 그는 자신의 정당소속 하원위원의 부인인 키티 오쉬에Kitty O'Shea와 10년 동안 불륜을 맺고 있었다. 그들의 관계가 탄로 나자 당원들은 파넬에게 당수직에서 물러나라고 요구했다. 하지만 파넬은 사임을 거부했고, 결국 그의 당은 와해되고 말았다. 이후 파넬은 오쉬에와 결혼했으나 당수직에서 면직되었으며, 가톨릭교회의 지지도 잃었다. 뿐만 아니라 아일랜드의 자치 운동은 더욱 분열되었다. 한때 아일랜드의 왕처럼 군림했던 그는 더 이상 국민들의 신뢰와 지지를 받지 못했고, 건강도 갑자기 악화되어 이후 채 1년도 안 되어 세상을 떠나고 말았다.

아일랜드문예부흥운동

1870년대에 접어들어 아일랜드 자치 운동이 시들해지자 19세기 후반 20년 동안의 운동의 축은 아일랜드문예부흥운동(The Gaelic Revival Movement)으로 대체되었다. 이 운동은 처음에 신교도들이 중심이 되어 문학 분야에서부터 시작되었지만, 곧 1884년에 결성된 '게일운동협회(The Gaelic Athletic Association, GAA)'와 1893년에 창립된 '게일연맹(The Gaelic League)'과 더불어 힘을 얻기 시작했다.

1890년 무렵부터 시작된 아일랜드문예부흥운동은 존 오리어리John O'Leary, 더글라스 하이드Douglas Hyde, 그레고리Gregory

부인, 조지 러셀George Russell, 윌리엄 버틀러 예이츠, 존 밀링톤 싱 등이 주도했다. 아일랜드의 정체성 회복을 통해 조국의 독립을 앞당기자는 취지에서 시작된 이 운동은 국립극장 창설 (1898년에 'Abbey Theatre'를 세움)과 신문 발간(1899년에 Arthur Griffith 주도로 「United Irishmen」이 창간됨) 등의 결실을 맺게 되었다.

한편, 파넬의 후원 아래 1884년에 티퍼레리 주에 있는 설레즈Thurles에서 설립된 '게일운동협회'는 아일랜드의 현대사에서 가장 중요한 대중문화 운동이었다. 이 협회는 헐링Hurling과 게일 축구(Gaelic Football)와 같은 켈트족 고유의 스포츠와 문화를 장려했으며, 각종 운동을 대중운동으로 승화시키고자 했다. 하지만 축구, 럭비, 하키, 크리켓과 같은 외국 게임들은 할 수도 없고 관람도 못하도록 금지했다. 또한 이를 어기면 협회에서 곧 탈퇴해야만 했다. 이 운동은 처음부터 엄청난 대중의 지지를 받았기 때문에 곧 아일랜드의 모든 교구敎區에 협회가 설치되었다. '게일운동협회'는 과격하고 민족주의적인 성격을 띠었기 때문에 일견 '페니어회'와 유사해 보이지만 순수하고 민중 지향적이라는 점에서 차이가 있다. 이 협회는 나중에 세계에서 가장 성공한 아마추어 스포츠 조직 중의 하나로 발전했다.

'게일연맹'은 로즈컴먼Roscommon 출신의 신교도 성직자의 아들인 더글라스 하이드Douglas Hyde 박사와 이오인 맥닐Eoin MacNeill이 1893년에 설립했다. 이들은 모국어인 게일어를 되살리고 아일랜드 문화와 관습을 장려하는 것이 민족 정체성을 회복하는 지름길이라고 생각했다. 전통적으로 게일어는 아일랜드에서 가장 가난한 서부와 남부 해안에서 주로 사용되었다. 하지만 감자 기근과 잇따른 해외 이주와 같은 국가적 재앙으로 게일어를 쓰는 사람들의 숫자가 격감했다. 더욱이 1830년대에 공립학교 시스템이 도입되면서 게일어를 학교에서 가르치는 것이 철저하게 금지되었다. '게일연맹'은 학교에서 게일어 교육을 시행할 것을 강력하게 촉구했는데, 그 첫 성공 사례는 게일어를 국립대학 입학시험의 필수과목으로 채택하게 만든 것이다. 그러나 '게일연맹'이 지향했던 순수했던 원래의 취지는 정치색이 짙은 '아일랜드 공화군'이 주도권을 잡으면서 다소 변질되었다.

아일랜드 자치의 여명

1892년에 글래드스톤은 네 번째 수상 임기를 시작하였다. 그는 아일랜드 자치 법안을 하원을 통해 통과시켰으나 상원에서 거부되었다.

이 시기에 얼스터의 동쪽은 나날이 번창하고 있었다. 이곳은 남부에서와 같은 기근의 영향도 없었고, 신교도 지배 계층의 활약으로 중공업이 발달했다. 글래드스톤이 자신의 뜻을 관철하지 못하고 있는 사이에 얼스터 연합론자들은(연합당은 1885년에 만들어짐) 자치 법안이 다시 표면 위로 떠오를 것을 예상했고, 만약 이 법안이 통과될 경우 끝까지 싸우기로 결의했다. 더블린 출신 변호사인 에드워드 카슨 경(Sir Edward Carson,

1854~1935)이 이끄는 연합론자들은 신교도 테러 조직인 '얼스터 의용군(The Ulster Volunteer Force, UVF)'을 결성해, 자치를 반대하는 대규모 무력시위를 여러 차례 벌였다. 카슨은 아일랜드의 독립이 이루어질 경우 북아일랜드의 분리를 위해 무력 투쟁도 불사하겠다고 위협했다. 그러자 영국 정부는 무력 투쟁이 현실화되기 전에 뜻을 굽혔다. 이어 1914년 7월, 카슨은 얼스터를 분리해 아일랜드를 분할 통치한다는 조건으로 남아일랜드의 자치에 동의했다.

애스퀴스Asquith(1852~1928) 수상이 이끄는 영국의 새 자유당 정부는 거부권을 행사할 수 있는 상원의 권한을 무력화한 뒤 아일랜드 자치 법안을 통과시키려고 했다. 이 법안은 불협화음을 내는 연합론자들과 보수당원들이 반대했지만 1912년에 통과되었다. 하지만 결국 효력을 발휘하지는 못했다.

얼스터 의용군이 세를 더해 가자, 아일랜드 전역의 자치를 수호하기 위해 학구적인 이오인 맥닐이 '아일랜드 의용군(The Irish Volunteer Force)'이라고 부르는 공화군을 남부에서 조직했다. 이들은 무기가 부족했지만, 얼스터 의용군은 총포와 화약을 대량으로 밀수입했다. 또한 이들은 영국군으로부터 대대적인 지원도 받고 있었으므로, 1914년에는 내란의 기운이 감돌고 있었다.

1914년 8월에 제1차 세계대전이 일어나자 자치 법안은 효력이 정지되었고, 얼스터의 문제도 당분간 미해결로 남게 되었다.

부활절 봉기

자치론자들에게 공감하는 많은 수의 아일랜드인들은 그들의 희생이 조국의 자치를 앞당길 수 있다는 희망에서 유럽의 전쟁터로 나갔다. 그러나 아일랜드에 남아 있는 소수의 자치론자들은 영국 정부의 약속을 신뢰하지 못했다. 많은 수의 아일랜드 의용군들은 '사태의 추이를 지켜보자'는 존 레드몬드John Redmond의 생각에 공감했지만, 급진적인 생각을 가진 사람들은 혁명적인 행동이 필요하다고 믿었다. 페드래그 피어스Padraig Pearse가 이끄는 아일랜드 의용군 일부와 제임스 코놀리James Connolly가 이끄는 '아일랜드 시민군'은 거국적인 반란을 계획하고 있었다. 이 반란은 독일에서 배로 들여오는 무기에 의존했는데, 배가 들어오는 도중에 영국 해군에게 발각되어 모든 무기를 빼앗기고 말았다. 이오인 맥닐은 자신을 포함하지 않은 채 무장봉기를 계획한 것에 불만을 품고 거사를 취소하려고 했다. 무장도 하지 않은 두 집단의 민병대원들은 1916년 부활절 월요일에 더블린으로 행진해 들어가 시내의 몇몇 거점을 점령하고, 오코넬 거리에 있는 중앙우체국을 본부로 삼았다. 우체국 계단에서 피어스는 지나가는 행인들을 향해 아일랜드는 공화국이며 자신들이 임시정부를 구성한다는 선언문을 낭독했다. 그러나 봉기가 일어난 지 일 주일도 안 되어 반란군은 병력이 우세한 영국군에게 항복했다. 반란군들은 일반 대중의 지지를 받지 못했기 때문에 감옥으로 이송되는 내내 화가 난 더블린 시민들의 야유와 돌팔매질을 받아야만했다.

많은 사람들은, 승산이 없다고 생각한 피어스가 전 국민을 봉기의 대열로 끌어들이기 위한 유혈의 희생이 필요하다고 판단하였던 것이라고 생각했다. 이것이 사실이든 아니든 유혈의 희생이 자행되고 있었다.

영국 정부가 반란 지도자들을 순교자로 만들지 않았더라면 부활절 봉기는 아마도 아일랜드 사태에 별로 영향을 주지 못했을 것이다. 사형선고를 받은 77명 중에서 15명이 처형되었다. 피어스는 항복한 지 3일 만에 총살당했고, 코놀리는 발목 부상으로 의자에 묶인 채 9일 뒤에 마지막으로 처형되었다. 이러한 가혹한 처벌은 전 세계적으로 아일랜드에 대한 동정 여론을 형성했고, 아일랜드 문제에 대한 관심을 불러일으켰다. 여기에 힘입어 아일랜드 일반 대중의 태도에도 변화가 일기 시작했으며, 공화주의자들에 대한 지지도 빠르게 상승했다.

카운티스 마키에비치Countess Markievicz(1868~1927)는 여성이 었기 때문에 처형되지 않은 사람 중에 하나였다. 에이먼 데 벌레라Eamon de Valera(1882~1975)는 미국 시민권을 가지고 있었기 때문에 사형선고가 종신형으로 바뀌었고, 1917년에 사면된 뒤 석방되었다.

제1차 세계대전이 끝날 즈음인 1918년에 치러진 총선거에서 아일랜드 공화주의자들은 '신페인(Sinn Fein, '우리 스스로의 힘으로'라는 뜻)당'의 이름으로 다수의 의석을 차지했다. 대부분이 부활절 봉기 때의 퇴역 군인이었던 이들은 에이먼 데 벌레라의 영도 아래 더블린 맨션 하우스에 최초의 데일Dail Eireann(아일랜드 의회)을 구성하고, 아일랜드가 독립국가임을 선언했다. 나중에 아일랜드 의용군은 아일랜드 공화군이 되었고, 아일랜드 의회는 아일랜드 공화군이 아일랜드에서 영국군과 대항해서 싸우는 것을 인가했다. 이로 인해 얼마 되지 않아 더 많은 피로 아일랜드의 국토를 적시게 되었다.

영국-아일랜드 전쟁

1919년 1월 21일 더블린에서 아일랜드 의회가 처음으로 개원하던 날, 티퍼레리 주에서 영국 경찰관 두 명이 아일랜드 의용군이 쏜 총에 맞아 목숨을 잃었다. 이로써 2년 반에 걸친 처절한 영국-아일랜드 전쟁이 시작되었다. 이 기간 동안 벌어진 전투의 특징은 반란군의 활동과 이에 맞서는 영국군의 보복과 처형으로 점철된 게릴라전이었다.

아일랜드 반란군의 지도자는 부활절 봉기에서 살아남은 코크 주 출신의 마이클 콜린스Michael Collins(1890~1922)였다. 그는 겨우 30세에 불과했지만 카리스마가 있는데다가 냉혹한 성품을 가졌기 때문에 잔혹한 전투를 효율적으로 지휘했다. 뿐만 아니라 그는 적의 스파이나 비밀경찰을 색출해 제거하는 데에도 아주 뛰어난 수완을 가지고 있었다.

영국의 정규군은 '왕립 아이리시 보안대(The Royal Irish Constabulary)' '외인 보조 부대(Auxiliaries)' 그리고 '블랙 앤 탠즈Black and Tans(아일랜드의 민중 반란군을 진압하기 위해 파견된 영국의 퇴역 군인들로 구성된 특별 경찰로, 그들이 입었던 카키색 군복과 검은색 경찰 제복에서 유래한 명칭)'라 부르는 퇴역 군인들의 무리와 힘을 합해 구타와 살인을 저지르는 것은 물론, 전국의 마을을 약탈하고, 1920년 12월에는 코크 시를 방화하는 등 무자비하기 이를 데 없는 만행을 저질렀다. 이들의 잔혹성과 만행은 결국 영국에 대한 아일랜드 민중의 분노를 자극했고, 독립에 대한 열망을 결집하는 계기가 되었다. 아일랜드 공화군은 효과적인 기습 공격을 하기 위해 유격대를 조직해 적진에 침투했으며, 이들은 국내 지형을 잘 알고 있었기 때문에 크게 성공을 거두었다. 그리하여 마침내 1921년 7월에 양측은 휴전 협상에 동의했다.

한편, 코크 시의 시장인 테렌스 맥스위니Terence MacSwiney는 영국군에게 체포되자, "최후의 승리자는 고통을 주는 자가 아니라 고통을 감내하는 자"라고 외치면서 73일 동안의 길고 긴 역사적인 단식 투쟁을 벌인 뒤 의롭게 죽음을 맞았다. 이어서 거행된 대규모 장례식과 함께 이 사건은 전 세계인의 이목을 집중시켰다. 특히 간디Mahatma Gandhi(1869~1948)를 위시한 인도의 민족주의 지도자들에게 크게 영향을 미쳤다.

휴전이 이루어진 뒤 런던에서 몇 달간 끈질긴 협상을 벌인 끝에 1921년 12월 6일, 아일랜드 대표단은 '앵글로-아이리시 조약(The Anglo-Irish Treaty)'에 서명했다. 이 조약은 남부의 26개 주의 독립을 허용하고, 북부 신교 지역인 얼스터 6개 주는 독립으로부터 탈퇴할 수 있는 권한을 주었다. 만약 이들이 탈퇴를 결정하면, '경계위원회(Boundary Commission)'가 남북의 경계를 정하도록 위임했다. 이 조약으로 말미암아 아일랜드는 자치령의 지위를 얻었다. 하지만 이는 결코 완전한 독립이 아니었으며, 다만 아일랜드인들이 독립을 추구할 수 있는 권리를 인정한 것뿐이었다.

아일랜드에서는 콜린스와 아더 그리피스Arthur Griffith(1871~1922)가 조약에 관한 협상을 주도했다. 이 두 사람은 다수의 아일랜드 데일 의원들이 북부 지방을 잃는 것과 영국 왕이 여전히 새로운 아일랜드 자유국의 수장이 된다는 사실 및 아일랜드 의원들이 영국 왕에게 바치는 충성 서약을 받아들이지 않으리라는 것을 짐작하고 있었다. 그런데도 이들은 더블린에 있는 데 벌레라와 아무런 상의도 하지 않고 조약에 서명했다. 이들이 공화국이 아닌 26개 주만의 자치령을 담보하는 조약문을 가지고 런던에서 귀국하자 데 벌레라는 이를 거부했다.

콜린스는 영국 왕이 수장이 되는 것과 충성 서약 문제를 상징적인 것으로 가볍게 여겼고, 북동부 6개 주가 결국에는 자생력을 갖지 못하여 자유국에 편입되기를 희망했다. 또한 협상 기간 내내 그는 경계위원회가 자유국에서 떨어져 나간 지역의 크기를 축소해 줄 것이라고 확신했다. 그는 조약에 서명하는 것의 위험을 미리 알고 있었기 때문에, "나는 오늘밤 내 사형집행 영장에 서명을 했는지도 모른다"고 말했다. 이후 이 조약을 받아들이려는 파와 완전한 독립을 위해 끝까지 투쟁하려는 공화파 사이에 내란이 일어났다.

분할과 내란

1921년 6월 22일에 제임스 크랙James Craig(1871~1940)을 초대 수상으로 하는 북아일랜드 의회가 생겨났다. 의원으로 선출된 가톨릭 자치론자들은 마지못해 의원직을 받아들였다. 처음부터 북아일랜드의 정치는 종교적인 이유로 분열의 양상을 띠었다.

한편, 아일랜드 자유정부(The Irish Free State, 1949년까지 남아일랜드로 알려짐)가 들어서고, 일반 대중들의 지지를 받지 못한 조약이 1922년 1월에 데일에서 비준되었다. 6월에 처음 치러진 총선거에서 조약을 찬성하는 세력이 승리했다. 하지만 콜린스는 조약을 받아들이도록 동료들을 설득하는 데 실패했다. 결국 1922년 6월 28일, 1년 전에 함께 공동의 적에 대적해서 싸웠던 동료들 간에 내란이 일어났다. 콜린스는 코크 주에서 복병에게 총살당했고, 그리피스는 불안과 피로로 숨졌다. 데 벌레라는 윌리엄 코즈그래이브William Cosgrave(1880~1965) 총리가 이끄는 새 자유정부에 의해 잠시 투옥되었다. 그런데 이 정부는 옛 동지 중에 77명이나 되는 많은 사람들을 처형했다. 이후 내란은 1923년에 가까스로 종결되었다.

수년 동안 데일을 거부한 데 벌레라는 '피어너 포일Fianna Fail(아일랜드 전사들의 의미)'이라는 새 정당을 만들었는데, 이 정당은 1927년에 치러진 선거에서 거의 절반의 의석을 얻었다. 데 벌레라와 새로 선출된 의회 의원들(Teachta Dala, TDs)은 영국

국왕에게 충성 서약도 하지 않고 아일랜드 의회인 데일에 합류했고, 곧 제1야당이 되었다.

'피어너 포일' 당은 1932년 선거에서 집권하는 데 성공했고, 데 벌레라가 총리가 되었다. 그는 이후 16년간 권좌에 머물면서 현대 아일랜드의 초석을 놓았다. 1937년에 새로 도입된 헌법은 충성 서약을 폐지했고, 북부 6개 주의 주권을 인정했다. 데 벌레라는 '앵글로-아이리시 조약'에서 영국 정부에 지불하기로 합의한 차관 상환을 거부함으로써 영국과의 격렬한 무역 전쟁을 야기했다. 이로써 아일랜드의 농업은 거의 절망 상태에 이르게 되었는데, 이 무역 전쟁은 1948년 총선거 바로 직전에서야 해결되었다.

공화국

'피어나 포일' 당은 1948년 총선거에서 '클랜 나 프로블락터Clann na Problachta(Children of the Republic)' 신당과 제휴한 '피네 게일Fine Gael' 당에게 패했다. 새로 들어선 연립정부는 마침내 아일랜드 자유정부가 공화국임을 선포하고, 1949년에 영연방(The British Commonwealth)에서 탈퇴했다. 또한 남아일랜드와 북아일랜드의 관계도 완전히 끊었다.

1959년에 데 벌레라의 후계자인 숀 레마스Sean Lemass(1899~1971)가 권좌에 올랐다. 그는 국가 경제를 발전시켜 계속되는 이민을 막아 보고자 했다. 그의 정책은 효과가 있어서 1960년대 중엽에 이르러서는 해외로 이민을 떠나는 숫자가 10년 전의 절반 이하로 줄었다. 뿐만 아니라 해외로 이민을 나갔던 사람들도 속속 다시 귀국했다. 또한 그는 무료 중등교육을 처음으로 도입했다. 1962년에는 아일랜드 고유의 텔레비전 채널을 설치했고, 1963년에는 아일랜드계 이민자의 증손자인 미국 케네디John F. Kennedy 대통령이 아일랜드를 방문해 국민들의 자긍심을 고취시켰다.

1972년에 들어서 아일랜드 공화국은 북아일랜드와 함께 유럽경제공동체(The European Economic Community)의 회원국이 되었다. 이 덕택에 처음에는 어느 정도 경제적인 번영을 누렸다. 하지만 1980년대 초에 아일랜드는 다시 한 번 경제적인 시련에 봉착했고, 해외로 이민 가는 수치도 다시 늘었다. 아일랜드 경제는 1990년대 초에 회복되기 시작해 지금은 유럽에서 가장 내실 있는 경제 성장을 이루고 있다.

한편, 문화와 윤리 문제에 대한 가톨릭의 영향력이 약화되기 시작했다. 낙태와 이혼에 관한 1980년대의 국민투표에서는 이 둘 모두가 불법적인 것으로 결론이 났으나, 1995년에 시행된 이혼에 관한 또 다른 국민투표는 가까스로 통과되었다.

비록 대통령의 권한이 축소되긴 했지만, 1990년 변호사 출신인 메리 로빈슨Mary Robinson이 대통령으로 당선되자 각종 제도를 현대화하고, 사회 정책에 관해서 비공식적인 채널을 통해 막강한 영향력을 행사했다. 메리 로빈슨 대통령은 이혼, 낙태, 동성애자의 권리 등에 관한 보수적인 입장에서 탈피하고자 상당한 노력을 기울였다.

1997년 로빈슨의 뒤를 이어 메리 매컬리스Mary McAleese (1951~)가 대통령이 되었다. 매컬리스 대통령은 신교도와 가톨릭교도 간의 종교 갈등으로 폭력이 난무하는 북아일랜드 벨파스트에서 9남매 중 장녀로 태어났다. 매컬리스는 과거에 소수계인 가톨릭이라는 이유로 가족이 동네에서 쫓겨나는 아픔도 겪었다. 당연히 매컬리스는 남들과 동등한 교육을 받을 수가 없었다. 하지만 퀸스대학교 법대를 졸업한 뒤 1974년에 변호사가 되었고, 1975부터 트리니티대학 법대 교수와 1979년 RTE(Radio Telefis Eireann, 아일랜드 국영방송) 방송기자를 거쳐 퀸스대학교 최초의 여성 부총장에 임명되었다. 1997년에 58.7%의 득표율로 아일랜드 대통령에 당선되었고, 2004년에는 첫 임기 7년을 마쳤다. 그리고 다음 선거에서 매컬리스의 인기가 너무 높아 야당이 아예 후보를 내지 않는 바람에 무투표로 다시 대통령이 되었다. 매컬리스의 현 임기는 2011년에 끝나는데, 그때가 되면 아일랜드는 여성 대통령이 21년 동안 통치한 역사를 갖게 된다. 매컬리스는 로빈슨보다 더 보수적이지만 로빈슨의 정책을 계승함으로써 대통령에 당선되었다. 따라서 사회문제에 대해 관용적인 입장을 견지했다. 일례로, 더블린 남부에 있는 남녀 동성애자들의 거처인 아웃하우스Outhouse를 방문한 일이나, 아일랜드 국교회의 성찬식에 참석한 일로 물의를 빚기도 했다. 2005년 3월에 한국을 방문한 매컬리스는 아일랜드의 미래 국가 전략에 대해서, "번영을 지속하기 위해서는 다양한 문화를 받아들이고, 지식 산업을 확대해야 한다"고 말했다. 매컬리스의 개방 정책은 반대표를 던진 사람들까지도 끌어들이는 효과를 가져왔다. 지금 매컬리스는 아일랜드에서 '국민의 대통령'으로 추앙받고 있다.

1997년에 '피어나 포일' 당 소속의 버티 어헌Bertie Ahern (1951~)은 진보 민주당 및 무소속 의원들과 제휴해 연립정부를 구성한 뒤 총리가 되었으며, 메리 하니Mary Harney는 아일랜드 최초의 여성 부총리가 되었다.

버티 어헌 정부는 북아일랜드의 평화 정착에 심혈을 기울였다. 그중 하나가 '성聖 금요일 협정(Good Friday Agreement)'인데, 이 협정은 아일랜드 섬 전체에 미치는 문제들을 다루기 위해 아일랜드 공화국 정부가 일원이 되는 남북 각료협의체를 마련했다. 또 한 가지는 북아일랜드의 평화 정착을 위해 영국과 아일랜드 공화국의 관계를 개선하는 것이었다. 이를 위해 버티 어헌 총리는 토니 블레어Tony Blair(1953~) 당시 영국 수상을 초청해 데일에서 연설을 주선하기도 했다.

버티 어헌은 그의 인기가 오르락내리락하고, 부인과의 불화로 세간을 떠들썩하게 했지만, 2002년 재선에 성공함으로써 다시 한 번 정권을 잡았다. 지난 30년 동안 재임에 성공한 정권은 버티 어헌 정부가 처음이다. 2004년에는 잠시 유럽연합(EU) 위원회의 회장을 맡아 유럽연합의 확대를 지지하기도 했다. 버티 어헌 총리는 2007년 5월 24일에 실시된 총선에서, 높은 경제성장을 이뤄낸 점과 북아일랜드 평화협상을 중재해 자치정부 출범을 이끌어 낸 노력에 힘입어 세 번째 연임에 성공했다. 이로써 그는 1932년부터 1957년까지 7회 연속 총리를 역임한 에이먼 데 발레라에 이어 역사상 두 번째 장수 총리가 됐다.

현대의 아일랜드

아일랜드는 1973년에 유럽연합에 가입함으로써 눈부신 경제 발전을 이룩했을 뿐만 아니라 사회, 경제, 도덕에서 급격한 변화를 겪어 왔다. 그리고 이러한 변화들은 아일랜드인들의 사고방식과 생활수준에 상당한 영향을 미쳤다. 아일랜드의 경제는 전통적으로 농업과 목축에 의존했고, 따라서 토지의 소유는 아일랜드 사회에서 그만큼 중요했다. 하지만 지금은 농업과 목축에 의존하는 비율이 전체 노동 인구의 15%도 채 되지 않는다. 오늘날 아일랜드의 경제는 IT산업과 관광산업이 주류를 이루고 있다. 또한 아일랜드의 국내총생산(GDP)은 이른바 '켈트 호랑이(Celtic Tiger, 때로는 'Emerald Tiger'라고도 하며, 유럽연합에 가입한 이후 아일랜드의 비약적인 경제 발전을 가리키는 말)'라고 하는 경제 도약에 힘입어 유럽연합 회원국들의 평균치를 웃돌고 있다. 결국 이러한 경제 발전은 인구의 도시 집중과 더불어 많은 사회문제를 야기하고 있다.

돌이켜 보면, 1980년대 중반까지 아일랜드는 국가 부채 및 높은 실업률과 과도한 세금 압박에 시달렸다. 때문에 젊은이들이 택할 수 있는 유일한 길은 해외 이민이었다. 해외로 이민을 떠나기 위해 각 항구마다 끝없이 늘어선 사람들의 행렬이 일상적인 풍경이었다. 하지만 오늘날 이 풍경은 완전히 바뀌었다. 경제 부흥에 힘입어 각 업체마다 근로자를 찾지 못해 노심초사하고 있으며, 해외로부터 역이민이 속출하고 있다.

이제 아일랜드는 과거의 동질화 사회에서 다문화 사회로 변모해 가고 있다. 더 나은 일자리와 보수를 찾아 EU 회원국, 동유럽, 그리고 아시아·아프리카 대륙에서 몰려오는 사람들이 사회의 양상을 완전히 바꿔 놓고 있기 때문이다. 이들 중 일부는 심지어 정치 무대에까지 진출해 영향력을 행사하고 있다. 아일랜드인들은 이러한 변화의 물결을 열린 마음으로 받아들이며 다문화 사회로 진입하는 것을 자축하고 있다. 하지만 사려 깊은 사람들이 국가의 정체성에 대한 진지한 고민을 시작한 것 역시 부인하기 힘든 사실이다.

지금 아일랜드는 '켈트 호랑이'의 등에 올라 유례없는 경제 호황을 누리고 있다. 그리고 이제껏 누려 보지 못한 물질적 풍요에 도취되어 '먹고, 마시고, 즐기자'는 풍조가 만연해 있다. 지나칠 정도로 해외 자본에 의존함으로써 언제 버블 경제가 무너질지 모른다는 걱정이 전혀 없는 것은 아니지만, 이는 새롭게 부상하고 있는 중산층에게는 그저 먼 나라의 일일 뿐이다. 이들에게는 자동차 두 대, 해외에서 보내는 휴가, 최상급 와인 등만이 눈앞의 관심사이다. 급기야 이러한 소비만능주의가 마약 및 알코올 중독, 교통사고, 각종 범죄 등을 야기했을 뿐만 아니라, 이혼 법정을 붐비게 했고, 피임이 십대들의 일상사가 되게 했으며, 낙태를 공공연한 화제 거리로 만들었다. 아일랜드의 미래를 위해서는 아일랜드의 어제와 오늘에 대한 성찰과 함께 역사와의 끊임없는 대화가 절실히 필요한 시점이다.

아일랜드의 문학

게일 문학

아일랜드가 예술 분야에서 뛰어나다는 것은 세계적으로 정평이 나 있지만 문학 분야는 특히 그러하다. 우리 남한보다 작은 이 나라에서 지금까지 노벨문학상 수상자가 네 사람이나 나왔다는 사실이 이를 뒷받침해 준다. 윌리엄 버틀러 예이츠(1923년 수상)와 셰이머스 히니(1995년 수상)가 시 부문에서, 그리고 조지 버나드 쇼(1925년 수상)와 사뮤엘 베케트(1969년 수상)가 드라마 부문에서 노벨상을 수상했다. 이 뿐만 아니라 대학 영문과에서 공부하는 작가 목록에서 아일랜드 출신 작가들을 빼면 남는 작가가 별로 없을 정도이다.

아일랜드인들은 영국인들이 강요한 영어로 글을 썼다. 그러나 그들은 영어를 받아들인 여타의 민족들과는 다른 방식으로 영어를 썼다. 그들은 이민족의 언어인 영어에 선천적으로 타고난 말재간과 영혼을 담아 음악성이 넘치는 언어로 만들었다. 아일랜드가 세계적으로 유명한 작가와 이야기꾼들을 많이 배출한 것은 언어에 대한 사랑과 풍부한 구전口傳문학 덕택이다. 아일랜드의 문학은 영국인들이 그들의 모국어인 게일어를 몰아내기 훨씬 이전부터 번창했다. 그들의 문학은 서유럽에서 가장 오래되었다.

고대 그리스와 마찬가지로 아일랜드에도 기독교가 들어오기 이전부터 풍부한 구전문학이 존재했다. 5세기에 기독교가 들어오면서 수사修士들이 그들이 가지고 온 문자로 이러한 서사敍事들을 기록하기 시작했는데, 이들 중 많은 기록이 오늘날까지 전해지고 있다. 한때 예이츠가 이를 두고 "유럽에서 가장 풍부한 이야기의 보고寶庫"라고 말했듯이, 현존하는 문헌들은 아일랜드의 과거 게일 문학(초기 아일랜드의 문학)이 얼마나 풍성했는가를 잘 보여주고 있다.

게일 문학의 서사는 크게 '신화 사이클(The Mythological Cycle)' '얼스터 사이클(The Ulster Cycle)' '페니어 혹은 오시안 사이클(The Fenian or Ossianic Cycle)' '왕 혹은 역사 사이클(The King or Historical Cycle)'로 나눈다. 이들 4개의 사이클 외에도 기독교 이전 세계에 존재했던 '저 세상(게일어로는 Tir-na-nOg이며, 이상세계를 의미함)'으로의 항해와 '저 세상'에서의 모험을 다룬 이야기들도 있다. 우리는 이들을 통해서 초기 아일랜드인들의 삶의 모습, 신화와 민담 체계, 그들이 느꼈던 감정의 폭과 깊이, 우아한 표현과 절제미, 그리고 자연 세계에 대한 생생하고도 화려한 묘사 등을 엿볼 수 있다. 이들은 또한 오늘날 세계 곳곳에 있는 예술가들의 영감의 원천과 작품의 소재가 되고 있다.

앵글로-아이리시 문학

아일랜드에서는 13세기까지 게일어, 라틴어, 노르만-프랑스어, 영어 등이 공용으로 쓰였다. 노르만인들과 영국에서 건너온 정착민들은 아일랜드의 토착 문화와 생활방식에 쉽게 동화되었으며, 게일어를 사용했다. 이를 지켜보던 영국 정부는 마침내 이러한 추세를 뒤엎고 문화 분리 정책을 실시하기 위해 '킬케니 성문법'을 제정했다. 이러한 조치는 이후 더욱 강화되었다.

영국 정부의 토지 몰수와 잇따른 식민 정책, 1601년 '킨세일 전투'에서의 패배와 1607년 '백작들의 도주', 그리고 1690년 '오렌지공 윌리엄'의 승리와 1695년부터 시행된 '형법'으로 인해 게일 문학과 문화는 설 땅을 완전히 잃고 말았다. 이후로는 영국인 신교도 지배 계층이 주도 세력으로 떠올랐으며, 영어가 사회의 각 부문에서 가장 많이 쓰이는 언어가 되었다. 따라서 문학 활동도 이러한 신교도 특권층이 주도했다. 게일 문학이 이처럼 쇠퇴하자 앵글로-아이리시 문학이 마치 피정복민의 상처에 소금을 문지르기라도 하듯이 번창하기 시작했다.

풍자문학가로 알려진 조나단 스위프트(1667~1745)는 산문 분야에서 특출 난 재질을 보여준 작가이다. 그의 대표작으로는 『걸리버 여행기*Gulliver's Travels*』(1726)가 있다. 그 밖의 소설가로는 로렌스 스턴Laurence Sterne(1713~1768)과 마리아 에지워스 Maria Edgeworth(1767~1849)가 있다.

앵글로-아이리시의 문학은 극문학이 특히 강한데, 이는 상류층의 오락물로 널리 이용되었기 때문이다. 극작가들은 극의 소재로 아일랜드의 것을 취했지만, 관객들은 주로 더 큰 무대인 런던 사람들이었다. 1700년대에 아일랜드는 엄청난 수의 극작가를 배출했다. '풍습 희극(Comedy of Manners, 세태를 풍자하는 희극)'의 작가로는 윌리엄 콩그리브William Congreve(1670~1729)와 조지 파카George Farquhar(1677~1707)가 있다. 또한 이 시대의 대표적인 극작가로는 올리버 골드스미스Oliver Goldsmith(17930~1774)와 리처드 쉐리단Richard Brinsley Sheridan(1751~1816)이 있다. 골드스미스와 쉐리단은 당대에 유행했던 '감상 희극(Sentimental Comedy, 눈물을 자아내고 감정에 빠지게 하는 희극)'의 경향에 반발해 유쾌한 정통 희극을 부활시켰다.

19세기에 들어 많은 아일랜드 출신 극작가들이 영국으로 자리를 옮겼다. '기지機智의 희극'의 작가로 알려진 오스카 와일드(1854~1900)는 독특한 풍자와 기지에 찬 대사를 구사하면서 유형적類型的인 인물을 등장시켜 당대 상류층의 허영, 무지,

그리고 권태를 통렬하게 비꼬았다. 그의 역설적이며 경구警句로 가득 찬 대사는 당시의 지식층에게는 물론 오늘날의 우리에게도 여전히 즐거움을 주고 있다. 그의 대표작으로는 『윈더미어 부인의 부채Lady Windermere's Fan』(1892) 『중요하지 않은 여자A Woman of No Importance』(1893) 『진지함의 중요성The Importance of Being Earnest』(1895) 등이 있다.

조지 버나드 쇼(1856~1950)는 1856년 7월 26일 아일랜드의 더블린에서 태어났다. 칼 마르크스Karl Marx의 영향을 받은 그는 늘 당대의 사회문제에 관심을 나타냈고, 문제 해결을 위한 대책을 제시하는 데에도 인색하지 않았다. 그는 사실주의 연극, 특히 노르웨이의 극작가 입센Henrik Ibsen(1828~1906)의 작품들을 옹호했으며, 당대의 진부한 상업극을 비난했다. 그는 사회와 정치 개혁에 관한 자신의 견해와 사상을 전달하기 위해 극작품을 썼다. 사회 개혁 사상을 보급하는 데는 웃음을 수단으로 하는 편이 유리하다고 생각해 이른바 '사상희극(思想喜劇, Comedy of Idea)'이라는 새로운 분야를 개척했다. 기존의 극 형식을 타파하고 도입부, 상황 설정, 토론이라는 세 단계로 극작술劇作術을 구사했다. 그의 대표작으로는 『인간과 초인Man and Superman』(1903) 『바바라 소령Major Barbara』(1905) 『세인트 존Saint Joan』(1923) 등이 있다.

20세기 작가들

1890년 무렵부터 시작된 아일랜드문예부흥운동은 존 오리어리, 더글라스 하이드, 그레고리 부인, 조지 러셀, 예이츠 등이 주도했다. 스탠디시 오그래디Standish O'Grady의 『아일랜드역사: 영웅시대History of Ireland: Heroic Period』(1878)와 하이드의 『코노트의 사랑의 노래Love Songs of Connacht』(1893) 등의 출판을 기점으로 해서 시작된 이 운동은 구비口碑 전설에서 민담에 이르는 민속 문학의 발굴, 조어祖語인 게일어의 보존, 고대 켈트 신화와 전설의 부활, 전통적인 민족 성격의 창조, 아일랜드 민족문학의 확립, 아일랜드 특유의 청신한 리듬의 개척 등을 목적으로 하면서 본격적인 예술 운동으로 승화되어 갔다.

1898년에 최초로 설립되어 1904년에 문을 연 '애비 극장(Abbey Theatre)'은 아일랜드문예부흥운동의 본거지 역할을 했다. 이후로 예이츠, 그레고리 부인, 존 밀링톤 싱, 숀 오케이시 등이 쓴 수많은 국민극들이 이 극장에서 공연되었으며, 지금도 재능 있는 작가들을 발굴하기 위해 많은 노력을 하고 있다.

애비 극장이 발굴한 가장 위대한 극작가는 싱(1871~1909)이다. 그는 불과 38세의 짧은 나이로 요절했지만, 그의 작품은 아일랜드 문학사에서뿐만 아니라 세계 문학사에서도 길이 빛나고 있다. 싱은 예이츠와 마찬가지로 당시 유럽 연극계를 휩쓸던 사실주의 연극을 통한 사회 고발과 교훈을 주려는 경향에 등을 돌리고, 문명의 때가 묻지 않은 인간과 그들의 원초적 삶에 초점을 맞추어 자유로운 환상과 서정을 추구한 작품을 썼다. 그의 대표작으로는 『바다로 간 기사*Riders to the Sea*』(1904) 『서방 세계에서 온 바람둥이*The Playboy of the Western World*』(1907) 등이 있다.

아일랜드가 낳은 또 한 사람의 천재 극작가는 오케이시 (1880~1964)이다. 그는 싱과는 달리 더블린의 삶을 그렸고, 특히 더블린 빈민가의 인물과 생활을 극의 소재로 삼았다. 그는 인생의 전반 40여 년을 빈민굴 주민들과 막노동꾼 사이에서 보냈기 때문에 그가 직접 경험한 인물들을 무대에 올렸다. 또한 아일랜드의 독립운동에 직접 참가했던 경험들은 그의 작품에 활력과 진정성을 부여하고 있다.

세 사람의 대가

엘리엇T.S. Eliot이 1940년 예이츠 서거 1주기 추모 강연에서 "현대에서 영어로 쓴 최고의 시인"이라고 극찬한 예이츠는 1865년 6월 13일 더블린 근교에 있는 샌디마운트Sandymount 에서 5남매 중 장남으로 태어났다. 기독교 집안에서 태어났으나 평생을 사적 종교(private religion)의 사유 체계에 탐닉했던 예이츠는 아일랜드와 영국을 오가며 성장했다.

그는 대부분의 유년 시절을 '마음의 고향'인 슬라이고에서 보냈다. 지금도 해마다 예이츠 여름학교가 열리고, 예이츠 기념관과 예이츠 묘지가 있는 작은 어항漁港 슬라이고는 아일랜드의 과거 문화 유적들이 산과 강, 바다와 호수 등과 함께 어우러져 늘 아름다운 자태를 드러내고 있는 아주 낭만적인 항구 도시이다.

예이츠는 어머니가 이 세상에서 가장 아름다운 곳으로 생각한 이곳 슬라이고에서 가까운 친척들과 이웃 사람들로부터 귀신과 요정에 관한 이야기와 신화 및 전설 등을 듣고 성장했다. 그는 조상의 과거와 아일랜드의 역사 및 문화유산을 접하게 되었고, 이것은 곧바로 그의 시적 상상력의 원천과 시의 배경이 되었다. 예이츠가 나중에 "참으로 내 생애에 깊은 영향을 미친 곳은 슬라이고다"라고 술회하고 있듯이, 그의 많은 시에는 「이니스프리 호수 섬The Lake Isle of Innisfree」을 비롯해 「벤 불벤 산록Under Ben Bulben」에 이르기까지 슬라이고 지방의 호수와 산과 풍물에 대한 추억과 향수가 짙게 배어 있다. 이렇듯 슬라이고는 그의 시 창작에 원초적인 영향을 미친 곳이다.

또한 예이츠의 삶에는 수많은 여성들이 등장하는데, 예이츠의 삶뿐만 아니라 작품 세계에도 크나 큰 영향을 미쳤다. 예이츠에게 여성은 늘 중요한 시의 모티프이자 영감의 원천이었다. 예이츠는 수많은 여성들과 때로는 친구로, 때로는 연인으로, 그리고 때로는 협력자로 지내면서 시 창작의 폭과 깊이를 더해 갔다. 여인들 중에서 30여 년 동안 예이츠와 회한悔恨의 사랑을 나누고, 수많은 연애시를 탄생하게 만든 모드 곤Maud Gonne(1866~1953)이라는 여인이 있다. 모드 곤이 그의 삶과 문학에 미친 영향은 지대하며, 그녀의 이미지 또한 예이츠의 시에서 다양한 모습으로 나타나 있다. "당신은 나와 결혼하면 아름다운 시를 쓸 수 없을 거예요"라는 모드 곤의 충고에서도 예상할 수 있듯이 끝내 그녀와 결혼을 하지는 못했지만, 모드 곤은 늘 그에게 뮤즈로 살며시 다가와 그의 사색과 시 세계에 폭과 깊이를 더해 주었다.

예이츠의 시는 후기에 이르러 주지적主知的인 경향과 철학의 깊이를 더해 가면서 더욱 원숙해졌다. 예이츠의 후기 시 중에 문학사의 고전이 될 만한 훌륭한 시편이 많은 까닭은 그가 초기의 낭만적인 자세에서 벗어나 인간과 사회와 역사를 보는 철학이 견실해졌기 때문이다. 예이츠는 자신의 경험을 시의 소재로 삼는 시인이었지만, 그의 시가 위대한 것은 개인의 경험을 자신의 작품 속에 녹여 인류 보편의 정서로 승화했기 때문이다.

한마디로 말해서 예이츠는 이성 위주의 합리주의와 물질주의의 거센 파도에 직면해, 고대 켈트 민족의 위대한 정신적, 문화적 유산의 거대한 지하수와 교통하고 합류할 수 있는 시학을 정립해 유럽 정신문명의 바이블이 될 새로운 『바가바드기타Bhagavad-Gita』를 쓰고자 했다. 이는 아일랜드가 유럽의 인도로 거듭나서 유럽 정신문명의 저류로서 주도적인 역할을 해 줄 것을 염원하는 그의 문학적 이상의 표현이었다.

제임스 조이스(1882~1941)는 내면의 리얼리즘을 추구함으로써 20세기 전반에 서구에서 풍미했던 모더니즘 문학과 현대적 정신의 틀을 만드는 데 주도적인 역할을 했다. "19세기를 살해한 작가"라는 엘리엇의 말이나, "인간 의식의 새로운 국면을 발굴해 낸 위대한 시인"이라는 에드먼드 윌슨Edmund Wilson의 말은 위대한 문학적 지성이 가져다 준 문학적 충격의 본질을 잘 말해 준다. 왜냐하면 버지니아 울프Virginia Woolf(1882~1941), T.S. 엘리엇(1888~1965), 윌리엄 포크너William Faulkner (1897~1962) 같은 당대의 모더니스트 작가는 물론이고, 조이스 이후의 서구 작가들 중에 그의 영향을 받지 않은 사람은 별로 없기 때문이다. 뿐만 아니라 그는 '현현顯現(epiphany)' '의식의 흐름(stream of consciousness)' 등의 용어를 만들어 냈고, 소설에서 새로운 실험을 해서 현대문학에 커다란 변혁을 초래했다는 점에서 20세기의 호메로스이자 셰익스피어라고 불리기도 한다. 오늘날에도 아일랜드에서는 6월 16일(조이스의 소설 『율리시즈』에서 이야기가 전개된 날이자, 조이스가 그의 부인이 된 노라 바나클Nora Barnacle과 첫 데이트를 한 날)을 '블룸즈데이Bloomsday(『율리시즈』의 주인공 'Bloom'을 본 따서 지은 이름)' 축제일로 지정해 각종 문화 행사를 펼치고 있다. 지금은 없어졌지만, 예전에는 아일랜드의 10파운드짜리 지폐에서 웃고 있는 조이스의 모습을 볼 수 있었다.

조이스는 예이츠가 죽은 지 2년 뒤에 죽었다. 그러나 그들의 문학 세계는 전혀 달랐다. 조이스는 예이츠를 위시한 문예부흥 작가들이 추구했던 과거 지향적이고, 전원적이며, 신비주의적인 민족문학과 편협한 가톨릭교회와 속물근성이 판을 치는 "눈 먼 쓰라린 고장"(아일랜드를 가리킴)을 등지고 인류 보편의 세계 문학을 찾아 나섰다. 그런 의미에서 조이스는 다분히 '세계인(cosmopolitan)'이었다고 할 수 있다. 그러나 그가 다룬 문학은 다른 어떤 아일랜드 작가보다도 더 '아일랜드적'이었다. 때문에 더블린은 그의 삶뿐만 아니라 그의 문학의 고향이요, 『더블린 사람들Dubliners』(1914)은 조이스 문학의 원형이라 할 수 있다.

첫 작품 『더블린 사람들』은 조이스가 3년(1904~1907)에 걸쳐서 쓴 14편의 단편과 1편의 중편을 모아 놓은 단편집이다. 이 작품은 조이스가 작가로 성장하는 과정과 그의 문학 세계가 성숙해가는 과정을 잘 보여준다. 조이스는 더블린 시민들의 시대착오적인 영웅주의, 종교적 맹목성, 속물근성 등을 '마비(paralysis)'라는 주제를 통해 다룸으로써 보편적인 인간의 모습을 보여주고자 했다.

다음 작품 『젊은 예술가의 초상A Portrait of the Artist as a Young Man』(1916)은 조이스 자신의 자전적 요소가 두드러진 '성장소설'로서, 주인공 스티븐 디달러스Stephen Dedalus의 자아 형성의 과정을 상징적으로 보여주고 있다.

『율리시즈Ulysses』(1922)는 조이스의 대작일 뿐만 아니라 모더니즘 문학의 최고 정점이다. 이 작품은 호메로스의 대서사시 『오디세이』를 모방해 유대계의 평범한 봉급생활자인 레오폴드 블룸Leopold Bloom의 내적인 방황(의식의 흐름을 통해 드러나는 여러 단편적인 사고들)을 다루고 있다. 조이스는 이 작품을 통해서 다면체로 구성된 현대인의 내면과 일상의 삶을 가감 없이 보여주고자 했다.

『율리시즈』에서는 등장인물들의 방랑에만 한정되지 않고, 소설 기법 역시 온갖 방랑을 겪는다. 조이스는 이 작품에서 문학이 할 수 있는 모든 기법들을 모두 동원해 소설 혁명을 시도하고 있다. 이렇듯 조이스는 열린 형식(open form)을 통한 형식과 내용의 합일을 추구함으로써, 자신의 문학적 상상력을 리얼리즘의 문학 세계에서 모더니즘 문학으로, 그리고 더 나아가 포스트모더니즘의 문학 세계로 무한히 확장했다.

아일랜드가 낳은 위대한 극작가 사뮤엘 베케트(1906~1989)는 '부조리 연극(Theater of the Absurd)'의 대가들 가운데 한 사람이다. 그의 극작품들은 일상의 단조로움, 인간 행동의 무의미함, 그리고 인간 상호 간 의사소통의 단절 등의 주제를 부조리극 형식에 담아 보여주고 있다.

그의 작품 중 하나인 『고도를 기다리며 *Waiting for Godot*』(1953)는 부조리극 작품들 가운데 가장 유명한 작품이다. 폐허로 변한 우리 세계의 처절한 환영이라 할 수 있는 이 작품의 무대에서는 아무런 사건도 일어나지 않는다. 등장인물의 성격이나 심리 갈등도 찾아볼 수 없다. 등장인물들은 시시각각으로 밀려오는 고독과 불안을 잊기 위해서 쉬지 않고 지껄이고, 싸움을 하고, 서커스의 광대처럼 행동을 하지만 결국 모든 것이 공허하고 무의미하다. 또한 그들에게는 신의 구원도 없다. 그들은 인간 원죄와 숙명적 공허의 상징일 뿐이다. 한마디로 말해서, 이 작품은 인간 존재의 무의미함과 인간 언어의 부조리성을 미학으로 결합한 작품이다.

현대의 작가들

아일랜드 현대문학의 전통은 남아일랜드와 북아일랜드 출신의 수많은 재능 있는 작가들이 이어가고 있다. 리머릭 출신의 케이트 오브라이언Kate O'Brien(1897~1974)은 부유한 가톨릭 중산층 가정에서 태어나 주로 소설을 썼다. 그녀의 소설은 종교 갈등, 여성의 자유, 아일랜드 중산층의 가정 문제 등을 다루었다. 철저한 공화당원으로서 비극적 삶을 살다 간 브렌단 베한Brendan Behan(1923~1964)은 시와 극작품을 써서 생전에 인기를 누렸다. 코크 주 출신의 윌리엄 트레버William Trevor(1928~)는 단편소설을 써서 명성을 얻었고, 벨파스트 출신의 브라이언 무어Brian Moore(1921~1999)는 북아일랜드에서의 자신의 삶과 정치 문제 등을 다룬 소설을 썼으며, 더블린 출신의 로디 도일Roddy Doyle(1958~)은 극작가 오케이시처럼 노동자 계층의 삶을 파헤치는 소설을 쓰고 있다. 프랭크 맥코트Frank McCourt(1930~)가 쓴 자전적 소설 『안젤라의 유골Angela's Ashes』(1996)은 1997년에 퓰리처상을 받았으며, 지금까지 전 세계에서 수백만 권의 책이 팔렸다. 1999년에는 같은 제목의 영화로 만들어져 전 세계인들에게 잔잔한 감동을 주었다.

극작가 브라이언 프리엘Brian Friel(1929~)의 명작 『번역Translations』(1980)은 사람들이 아일랜드의 역사를 보는 방식을 바꾸어 놓았고, 존 비 킨John B Keane(1928~)의 극작품 『들판The Field』 (1965)은 아일랜드인들의 땅에 대한 태도를 알고자 하는 사람들의 필독서이며, 세바스천 배리Sebastian Barry(1955~)는 극작품과 소설에서 아일랜드의 정체성 문제를 다루고 있다.

"남아일랜드에서는 음악가들이 환영을 받고, 북아일랜드에서는 시인들이 환영을 받는다"는 말이 있듯이, 현대에 들어 시 분야에서 수많은 북아일랜드 출신의 작가들이 활동하고 있다.

벨파스트 출신의 시인 루이스 맥니스Louis MacNeice(1907~1963)는 주로 아일랜드의 상황과 문제에 관한 시를 썼고, 패트릭 카바나Patrick Kavanagh(1904~1967)는 북아일랜드 농경사회의 고된 삶을 다루었으며, 톰 폴린Tom Paulin(1949~), 폴 멀둔Paul Muldoon(1955~), 데릭 마혼Dereck Mahon(1941~), 마이클 롱리 Michael Longley(1939~)는 북아일랜드의 역사와 정치에 대한 시들을 쓰고 있다. 폴 두르칸Paul Durcan(1944~)과 이반 볼랜드 Eavan Boland(1945~)는 페미니즘 계열의 시를 쓰고 있다. 이들 말고도 주요 시인으로는 토마스 킨셀라Thomas Kinsella(1928~), 존 몬타그John Montague(1929~), 브렌단 케넬리Brendan Kennelly (1936~) 등이 있으며, 노벨문학상 수상자로는 셰이머스 히니 (1939~)가 있다.

'페이머스 히니Famous Heaney'라는 별명을 가진 셰이머스 히니는 1939년에 북아일랜드 데리Derry 주의 한 마을에 있는 모스본Mossbawn 농장에서 가톨릭 집안의 9남매 중 장남으로 태어났다. 히니의 시 세계에 결정적인 영향을 끼친 것은 그가 어린 시절에 체험했던 농촌 생활이다. 1940년대와 1950년대의 아일랜드는 땅을 파서 감자를 심고, 소를 키워 젖을 짜는 전형적인 농업 국가였다. 히니의 감수성은 외부와 차단된 농촌 환경에서 흙냄새를 맡으면서 이웃들과 어울리며 순박하게 자라는 가운데 형성되었다. 따라서 히니의 시는 영국의 서정시와 자연시의 전통에서 출발한다고 할 수 있다. 하지만 그는 오랜 세월 동안 영국의 식민 통치를 받아 온 아일랜드의 비극적 역사와 아일랜드인들의 슬픈 정서를 외면할 수 없었다. 그러므로 그의 시에는 아일랜드의 독특한 역사와 신화, 정치와 종교, 그리고 언어와 문학에 대한 깊은 애정과 성찰이 담겨 있다. 최근의 시에서는 다소 지역적이고 저항적이던 초기 시에서 벗어나 대국적인 안목에서 아일랜드의 정체성을 찾고, 개인과 민족의 조화를 추구하려는 자세가 엿보인다. 히니는 영국의 서정시와 자연시의 오랜 전통에 리얼리즘의 색채를 가미함으로써 서정시의 새로운 패러다임을 제시한 시인이라고 할 수 있다.

아일랜드의 음악과 춤

아일랜드의 음악

아일랜드의 전통음악

아일랜드는 악기(하프)를 국가의 상징으로 삼고 있는 세계에서 유일한 나라이다. 음악을 지극히 사랑하는 아일랜드에서도 다른 나라들과 마찬가지로 여러 종류의 음악이 유행하고 있지만, 아일랜드 음악의 진수는 역시 전통음악이다. 아일랜드의 전통음악은 민속학자들이 '민속음악(Folk Music)'이라고 부르는 것으로, '민중들을 위해 민중들이 만든, 비전문적이고, 비상업적이며, 입에서 입으로 전수되는 시골에 근원을 둔 레퍼토리'를 의미한다. 이 전통음악은 흔히 노래와 기악 음악으로 나뉜다. 노래는 셴노스sean-nos(반주 없이 게일어나 영어로 부르는 옛날 형식의 노래를 뜻함), 민요, 발라드, 그리고 옛 선율이 들어 있는 현대의 대중가요로 구성된다. 기악 음악은 하프, 이일리언 파이프uilleann pipe(백파이프의 일종), 피들(바이올린), 플루트, 페니 휘슬('틴 휘슬'과 동일함), 만돌린, 밴조banjo, 보드란, 멜로디언melodeon('버튼 아코디언'이라고도 함) 등과 같은 아일랜드 전통악기로 연주되는 음악을 의미한다. 그러나 우리가 '아일랜드의 전통음악'이라고 말할 때에는 단지 노래나 기악 음악만을 말하는 것이 아니라 춤과 이야기까지도 함께 아우르는 종합예술을 의미한다. (박일우, 36쪽)

아일랜드 전통음악의 기원은 18세기로 거슬러 올라간다. 대략 서기 1700년까지 하프는 아일랜드 음악에서 가장 중요한 악기였다. 최초의 아일랜드 음악은 음유 시인들(bards)이 금속 줄로 된 하프 음악에 맞춰서 불렀던 노래에서 유래되었다. 그러나 17세기까지는 그 어떤 음악도 기록으로 남아 있는 것이 없다. 기록으로 남아 있는 최초의·음악은 하프 연주자인 털로 오카로란Turlough O'Carolan(1670~1738)의 작품이다. 그 다음의 기록은 1792년 '벨파스트 하프 페스티벌The Belfast Harp Festival'에서 선보인 작품들이다. 18세기에 이르러서야 오늘날 우리가 알고 있는 아일랜드의 전통음악이 출현했다.

춤은 아일랜드의 전통음악에서 중요한 위치를 차지한다. 전통적으로 아일랜드의 음악은 춤에 곁들이는 반주 음악으로 시작되었다. 오늘날 남아 있는 대부분의 유명한 곡들은 수세기 전부터 성행한 릴reel, 지그jig, 혼파이프hornpipe 등의 춤에서 나왔다.

오늘날 아일랜드의 전통음악은 17~19세기보다 더 널리 유행하고 있다. 그러나 1695년부터 효력이 발효된 '형법'은 아일랜드의 문화, 그중에서도 특히 춤과 음악에 치명적인 영향을 미쳤다. 영국인들의 문화 말살 정책으로 인해 모든 예술 활동이 지하로 숨어들었기 때문이다. 아일랜드의 음악에서 느낄 수 있는 가정적인 분위기는 이러한 역사적인 사건과 관련이 있다. 이렇듯 아일랜드의 전통음악은 가정 안에서 그 맥을 이어갔다. 결혼식이나 경야(經夜, wake) 또는 마을의 축제에서 사람들은 전통음악을 즐겼고, 친구, 친척, 역사적인 사건들을 소재로 해서 즉석에서 노래를 작곡했다. 1845년부터 시작된 '대기근'은 아일랜드의 음악 역시 파국으로 몰고 갔다. 음악을 연주하던 대부분의 사람들이 굶주림으로 죽거나 해외로 이주를 했기 때문이다. 그나마 음악이 명맥을 유지할 수 있었던 것은 미국, 호주, 런던, 리버풀, 글래스고우 등지로 이민을 떠난 사람들이 머나먼 타국에서 그들의 음악을 지키고 보존했기 때문이다.

19세기 후반에 시작된 아일랜드문예부흥운동은 이제껏 잊혀진 아일랜드 고유의 문화를 복원하는 데 크게 기여했다. 특히 1893년에 결성된 '게일연맹'은 전통음악을 부활하고 '케일리ceili(게일어로 '춤, 노래, 이야기를 위한 파티'란 뜻)'를 창안하는 데 일조를 했다. 이러한 운동이 있기 전 아일랜드의 전통음악은 솔로로 연주되거나 악기가 수반된 '세션'에서만 연주되었다.

'세션session'은 아일랜드 사람들이 전통음악을 연주하거나 노래하는 비공식적인 모임을 말한다. 이 모임에서 특정의 '튠tune(개별적인 기악곡)'을 아는 사람이 맨 먼저 시작하면 이 '튠'을 아는 나머지 사람들도 함께 참여한다. 보통 세션은 아일랜드의 전역에 산재해 있는 '펍'에서 열린다. 악기를 연주할 수 있는 사람은 펍에서 환영을 받는데, 그 이유는 그 사람 덕분에 오랫동안 노래를 이어갈 수 있기 때문이다. 또한 펍의 주인은 세션을 계속 이끌어가기 위해 정기적으로 한두 명의 음악가를 유급으로 고용하기도 한다. 세션은 아일랜드의 전통음악이 만들어지고 전수되는 주요 현장이며, 젊은 아마추어 음악가들이 그룹을 형성하고, 기량을 연마하며, 사교 활동을 펼치는 무대이고, 아일랜드인들이 너나할 것 없이 친목을 도모하고 공동체 의식을 함양하는 장소이다.

아일랜드의 전통음악에는 그 아류로 여겨지는 몇 종류의 음악이 있다. 그중 하나는 도네갈 지역의 펍에서 심야에 부르는 '레블 송Rebel Song'이다. '레블 송'은 영국의 식민 통치에 항거하는 독립운동을 기념하거나 아일랜드인에 대한 동정심을 유발하는 노래이다. '레블 송'은 전통음악과 동일한 악기를 사용하지만 가사의 내용이 다르다. 가사의 내용은 주로 독립투쟁, 독립운동에 관련된 사람들에 대한 칭송, 침략자인 영국인에 대한 공격, 아일랜드인의 단결심 촉구 등으로 구성된다. 이런 종류의 음악을 전문으로 하는 밴드가 여러 개 있는데, '울프 톤즈Wolfe Tones '에이레 오그Eire Og' '애씬리Athenry' '쉬빈 Shebeen' 등이 이에 속한다.

다음으로는 더블린에 근거를 둔 음탕한 노래가 있는데, '더 블리너즈The Dubliners' 밴드와 그들의 노래 「7일의 술 취한 밤 *Seven Drunken Nights*」이 그 전형적인 예이다.

또한 사별한 부인이나 떠나온 고향 집을 그리는 애절한 감상을 노래하는 발라드가 있다. 이는 미국의 컨트리 음악과 유사한 것으로, 다니엘 오도넬Daniel O'Donnell을 위시한 그 아류의 수많은 사람들이 불렀다.

20세기 초엽에 아일랜드의 전통음악은 주로 가정에서 연주되고, 춤을 추면서 불렀다. 아직 게일어를 쓰는 인구가 많았고, 노래는 일을 하거나 흥을 돋우기 위한 오락으로서 중요한 활동이었다. 몇몇 전문 음악가나 댄서가 있기는 했지만, 대부분은 가정이나 마을 행사에서 즐기기 위해서 노래하고 춤을 춘 아마추어들이었다. 또한 전통음악은 아일랜드 대부분의 지역에서 연주하고 들을 수 있는 유일한 음악이었다.

전통음악은 20세기 중반에 라디오가 출현하면서 주춤했다가 1950년대부터 1960년대까지 미국에서 일기 시작한 '포크 뮤직 부흥 운동'에 고무되어 활력을 되찾기 시작했다. 특히 보이스voice와 악기의 결합은 전통음악의 새로운 길을 예비豫備했다. 일반적으로 아일랜드의 음악에서 보컬vocal의 전통은 악기가 수반되지 않은 솔로 예술의 형태였다. 뉴욕에서 '클랜시 브라더즈The Clancy Brothers'가 기타와 밴조를 곁들인 밴드 음악을 선보이자마자 성공을 거두었다. 이어서 등장한 '치프턴스The Chieftains' 밴드는 아일랜드 전통악기와 오케스트라를 결합함으로써 전 세계적인 명성을 얻었다. 이에 영향을 받아 아일랜드 내에서도 '울프 톤즈'와 '더블리너즈', '클래나드Clannad' 같은 밴드들이 생겨났다. 이후 배턴을 이어 받은 밴드로는 '플랑스티Planxty' '보디 밴드The Bothy Band' '무빙 하츠Moving Hearts' 등이 있다.

최근 들어 사회의 변화와 함께 아일랜드의 음악 환경도 점차 다변화되는 추세이다. 과거의 레퍼토리와 공연 방식을 고집하는 부류가 있는가 하면, 록, 랩, 포크, 팝 등과 접목을 시도함으로써 전통음악의 현대화와 상업화에 적극 나서는 사람들도 있다. 음악을 공연하는 장소도 지역성을 탈피해 세계 각국으로 확산되고, 공연의 규모 또한 대형화되고 있다.

아일랜드의 대중음악

아일랜드의 음악은 전 세계적인 음악의 흐름에 동참하면서 대중음악으로 자리를 잡기 시작했다. 1960년대 이래로 아일랜드의 음악가들이나 그룹들은 영국이나 미국에서 들여온 음악에 아일랜드의 전통음악과 자신들의 독창적인 아이디어를 더해 하이브리드hybrid 음악을 양산해 냈다.

1950년대부터 1960년대까지 아일랜드의 대중음악은 '쇼 밴드show band'가 주도했다. 이 밴드는 로큰롤 히트 곡(rock-and-roll hits)과 컨트리(country-and-western) 음악의 연주뿐만 아니라, 독창적인 곡과 전통적인 곡을 뒤섞어 공연함으로써 전국에 있는 공연장을 관중들로 가득 메웠다. '쇼 밴드'의 인기는 1970년 대까지 이어졌고, 조 돌란Joe Dolan은 꾸준히 히트곡을 추가함으로써 새천년까지 인기를 얻고 있다. 발라드 가수들과 그룹들도 1960년대에 번창했는데, 이는 전통음악에 대한 관심이 커지고, 서구 사회에서 포크 가수들이 많이 출현했기 때문이다.

'치프턴스'는 전통음악을 악기로 연주하면서 전국을 순회했고, '더블리너즈'는 발라드 위주의 곡들을 연주함으로써 비슷한 성공을 거두었다. 크리스티 무어Christy Moore(1945~)는 아일랜드에서 가장 많은 사랑을 받은 음악가로, '플랑스티'와 '무빙 하츠'의 주 멤버로 활동했다. 그의 노래는 정치색을 띠어서 더욱 인기를 누렸는데, 그는 대중음악에 합류하기 전에 전통음악으로 음악을 시작했다. 크리스티 무어는 솔로 앨범이 폭발적인 인기를 끌면서 유명해졌다. 또한 영화 '반지의 제왕'의 삽입곡 「그렇게 되리니May It Be」를 불러서 더욱 유명해진 도네갈 출신의 엔야Enya(1961~)도 크리스티와 비슷한 길을 걸었다. 엔야의 뉴에이지New Age 음반 『켈츠The Celts』와 『워터마크Watermark』는 1987년에 BBC 방송을 탄 뒤 엄청난 관심을 끌었다. 매력적이면서도 신비로운 엔야의 목소리는 지금도 세계인의 가슴에 감동을 선사하고 있다.

1960년대 후반에는 밴 모리슨, 로리 갤라허Rory Gallagher, 필린노트Phil Lynnott가 혜성처럼 등장해 록 음악계를 뒤흔들었다.

특히, 벨파스트 출신의 밴 모리슨은 그룹 '뎀Them'의 리드 싱어로 활동하면서 『애스트럴 윅스*Astral Weeks*』와 『문댄스*Moondance*』라는 히트 앨범을 냈다.

또한 록 밴드인 U2는 아일랜드의 가장 큰 음악 수출품이다. 1978년에 더블린 교외에서 보노Bono, 디 엣지The Edge, 아담 클래이턴Adam Clayton, 래리 멀렌 2세Larry Mullen Jr.가 '하이프 The Hype'라는 그룹을 만들었는데, 이것이 나중에 U2로 널리 알려졌다. 디 엣지의 특이한 기타 연주, 클래이턴과 멀렌의 휘몰아치는 리듬 섹션, 그리고 보노의 열광적이면서도 감정이 풍부한 다양한 음색의 노래는 관객들을 흥분의 도가니로 몰아넣고 있다. 그들은 1980년대부터 『소년』 『전쟁』 『잊을 수 없는 불*The Unforgettable Fire*』 『여호수아의 나무*The Joshua Tree*』 등의 앨범을 연이어 발표해서 전 세계인의 관심을 끌었다.

켈트 음악 계통의 록 밴드로는 1970년대의 '호슬립스The Horslips'와 1990년대의 '코어스The Corrs'가 있다. 영화 '주홍글씨'에서 여배우 이은주가 불렀던 「내가 잠잘 때뿐이지*Only When I Sleep*」가 바로 코어스의 노래다. 1980년대에는 펑크록, 발라드, 그리고 전통음악을 접목한 음악을 선보인 그룹 '포구스The Pogues'가 있다. 이외에도 '씬 리지Thin Lizzy' '크랜베리스 The Cranberries' '퍼레이스The Fureys' 등의 그룹이 있고, 미녀 가수 시네이드 오코너와 『여자의 마음』이라는 앨범으로 인기를 얻은 메리 블랙Mary Black(1955~)이 있다. 1990년대 중반부터는 '보이 존Boyzone'이나 '웨스트라이프' 같은 소년 밴드들이 등장해 10대들의 가슴을 녹이면서 음반 시장을 석권하고 있다.

전통음악에 가까운 계열의 밴드로는 '앨탄Altan' '겔릭 스톰 Gaelic Storm' '루나사Lunasa' '솔라스Solas' 등이 있고, 다문화적인 퓨전 스타일의 밴드로는 '애프로 켈트 사운드 시스템Afro Celt Sound System'과 '로리나 맥켄니트Loreena McKennit'가 있다. 최근에 등장한 최고의 가수는 데미안 라이스Damien Rice(1973~)이다. 그의 데뷔 앨범 『오O』는 2003년에 발매를 시작한 이후 백만 장 이상이 팔려 나갔고, 이 앨범에 수록된 애잔한 노래 「허풍 쟁이의 딸The Blower's Daughter」은 인기 영화 '클로저'의 처음과 끝에 나와 화제가 되었다.

아일랜드의 춤

아일랜드인들의 영적인 갈망을 이해하기 위해서는 그들의 문학을 알아야 하고, 아일랜드인들의 행복한 마음을 이해하기 위해서는 그들의 춤을 알아야 한다. 오늘날 전 세계에서 명성을 얻고 있는 아일랜드의 전통춤은 17세기에 시작된 '빌리지 댄스village dance'에서 유래되었다. 전통적으로 농업사회인 아일랜드의 시골에서는 결혼식, 장날, 우시장, 헐링(아일랜드식 하키) 대회, 경마 대회와 같은 행사에는 춤과 음악이 빠지지 않았다. 또한 날씨가 좋을 때에는 교차로나 풀밭에서, 그리고 겨울 동안에는 집 안 부엌이나 헛간에서 따분한 일상을 달래기 위해 즉석에서 춤판을 벌이기도 했다.

하프, 피들, 백파이프 등을 연주하는 수많은 떠돌이 악사들이 춤꾼들을 데리고 다니면서 춤판을 이끌고, 지그, 릴, 혼파이프 등과 같은 춤과 음악을 제공했다. 세월이 지나면서 왈츠, 폴카, 셋set 등이 춤 목록에 추가되었다. 또한 예전에는 춤 선생이 있어서 촌락과 도시를 오가면서 사람들에게 '스텝 댄스'와 사교춤을 가르쳤다. 춤곡은 토속적인 것과 영국이나 스코틀랜드에서 들여온 것들이 있는데, 지금도 새로운 곡이 계속 나오고 있다. 이들 대부분은 구전으로 전해지며 최근에 와서야 문자로 기록되었다.

아일랜드의 전통 춤은 크게 솔로 형식과 그룹 형식으로 구분된다. 전문 춤꾼들이 추는 솔로 레퍼토리(스텝 댄스)로는 지그, 릴, 혼파이프가 있으며, 사교를 위한 그룹 댄싱(2명에서 16명까지로 구성)으로는 '반 댄스barn dance(시골 춤)'와 '셋 댄스' 그리고 '케일리 댄스'가 있다.

'스텝 댄스'는 상체를 바로 세우고 두 손을 편안하게 내린 다음 두 발만을 이용해 소리를 내면서 추는 춤을 말한다. 이 춤은 옛날에 대가족이 작은 오두막집(cottage)에 모여 살 때 좁은 부엌에서 많은 사람이 춤을 즐기기 위해서 생각해 낸 것 같다. 여하튼 이 춤은 인기가 대단해서 1887년에는 더블린에서 최초로 '열린 음악 경연 대회(페쉬 케올Feis Ceoil)'의 정식 종목으로 채택되었다.

'셋 댄스'는 18세기 나폴레옹 시대에 파리에서 유행했던 '카드릴 셋Sets of Quadrilles(네 사람이 한 조가 되어 추는 스퀘어 댄스)'

에서 유래한 춤으로, 새로운 안무와 댄스 튠이 가미되어 아일 랜드의 춤으로 토착화되었다. 남녀 네 쌍이 정해진 형식에 따라 짝을 바꾸어 가면서 우아한 세부 동작을 되풀이하는 이 춤은 아일랜드의 전역에 보급되어 100년 이상 인기를 누리고 있다. 각 지역마다 고유한 '셋' 형식이 있다. 이 춤은 나중에 이국적인 잔재를 모두 털어 버리고 아일랜드와 스코틀랜드의 토속적인 춤 전통을 모델로 해서 '케일리 댄스'로 바뀌었다. 이 춤은 해외 이산離散 시기에 아일랜드 전역에서 엄청난 인기를 누렸다.

아일랜드의 전통춤은 최근 들어 브로드웨이와 접목해 '리버 댄스' '로드 오브 댄스' '스피릿 오브 댄스' '블랙 47Black 47' '겔포스 댄스Gaelforce Dance' 등의 대형 쇼로 거듭남과 동시에 상업화에도 성공함으로써 엄청난 호응을 불러일으키고 있다. 마이클 플라틀리Michael Flateley가 창안한 '리버댄스(샤논강에서의 자살 행위를 의미함)'는 1994년 더블린에서 열린 '유로비전 노래 경연대회(The Eurovision Song Contest)'의 막간에 처음으로 공연되었다. 공연되자마자 성공을 거두어 수많은 아류 쇼들이 생겨났으며, 한동안 침체되었던 무용계에 활력을 불어넣었다.

이렇듯 전통춤이 시대에 맞게 변모하고 있지만, 세계 전역에 흩어져 있는 아일랜드의 이민 사회에서는 지금도 모국 문화의 전통을 지켜내려는 노력이 계속되고 있다.

참고문헌

박영배, 『앵글로색슨족의 역사와 언어』, 지식산업사, 2001.

박우룡, 『영국: 지역·사회·문화의 이해』, 소나무, 2002.

박일우, 『서유럽의 민속음악과 춤』, 한양대학교 출판부, 2001.

박지향, 『슬픈 아일랜드』, 새물결, 2002.

윤정모, 『슬픈 아일랜드 1』, 열림원, 2000.

이승호, 『이승호 교수의 아일랜드 여행 지도』, 푸른길, 2005.

조신권, 『정신사적으로 본 영미문학』, 한신문화사, 1994.

페트리샤 레비, 이동진 옮김, 『아일랜드』, 휘슬러, 2005.

Hast E. Dorothea & Scott Stanley, *Music in Ireland*, Oxford: Oxford UP, 2004.

Killeen, Richard., *A Short History of Ireland*, Gill & Macmillan, 1994.

Levy Pat & Sean Sheehan., *Ireland*, Footprint, 2005.

Levy, Patricia., *Culture Shock: Ireland*, Marshall Cavendish International (Asia) Private Ltd., 2005.

O Heithir, Breandan., *A Pocket History of Ireland*, The O'Brien Press Ltd., 2000.

아일랜드 수난 속에 피어난 문화의 향기

펴낸날	초판 1쇄 2007년 9월 1일
	초판 4쇄 2013년 10월 25일

지은이	한일동
펴낸이	심만수
펴낸곳	(주)살림출판사
출판등록	1989년 11월 1일 제9-210호

주소	경기도 파주시 문발동 522-1
전화	031-955-1350 팩스 031-624-1356
기획·편집	031-955-4662
홈페이지	http://www.sallimbooks.com
이메일	book@sallimbooks.com

ISBN	978-89-522-0697-8 04080

※ 값은 뒤표지에 있습니다.
※ 잘못 만들어진 책은 구입하신 서점에서 바꾸어 드립니다.

089 커피 이야기

eBook

김성윤(조선일보 기자)

커피는 일상을 영위하는 데 꼭 필요한 현대인의 생필품이 되어 버렸다. 중독성 있는 향, 마실수록 감미로운 쓴맛, 각성효과, 마음의 평화까지 제공하는 커피. 이 책에서 저자는 커피의 발견에 얽힌 이야기를 통해 그 기원을 설명한다. 커피의 문화사뿐만 아니라 커피에 대한 일반적인 정보 및 오해에 대해서도 쉽고 재미있게 소개한다.

021 색채의 상징, 색채의 심리

박영수(테마역사문화연구원 원장)

색채의 상징을 과학적으로 설명한 책. 색채의 이면에 숨어 있는 과학적 원리를 깨우쳐 주고 색채가 인간의 심리에 어떤 작용을 하는지를 여러 가지 분야의 사례를 통해 설명한다. 저자는 색에는 나름대로의 독특한 상징이 숨어 있으며, 성격에 따라 선호하는 색채도 다르다고 말한다.

001 미국의 좌파와 우파

eBook

이주영(건국대 사학과 명예교수)

진보와 보수 세력의 변천사를 통해 미국의 정치와 사회 그리고 문화가 어떻게 형성되고 변해왔는지를 추적한 책. 건국 초기의 자유방임주의가 경제위기의 상황에서 진보-좌파 세력의 득세로 이어진 과정, 민주당과 공화당의 대립과 갈등, '제2의 미국혁명'으로 일컬어지는 극우파의 성장 배경 등이 자연스럽게 서술된다.

002 미국의 정체성 10가지 코드로 미국을 말하다

eBook

김형인(한국외대 연구교수)

개인주의, 자유의 예찬, 평등주의, 법치주의, 다문화주의, 청교도 정신, 개척 정신, 실용주의, 과학 · 기술에 대한 신뢰, 미래지향성과 직설적 표현 등 10가지 코드를 통해 미국인의 정체성과 신념을 추적한 책. 미국인의 가치관과 정신이 어떠한 과정을 통해서 형성되고 변천되어 왔는지를 보여 준다.

058 중국의 문화코드

강진석(한국외대 연구교수)

중국의 핵심적인 문화코드를 통해 중국인의 과거와 현재, 문명의 형성 배경과 다양한 문화 양상을 조명한 책. 이 책은 중국인의 대표적인 기질이 어떠한 역사적 맥락에서 형성되었는지 주목한다. 또한, 구체적이고 실제적인 여러 사물과 사례를 중심으로 중국인의 사유방식에 대해 설명해 주고 있다.

057 중국의 정체성　　eBook

강준영(한국외대 중국어과 교수)

중국, 중국인을 우리는 과연 어떻게 이해해야 하나? 우리 겨레의 역사와 직·간접적으로 끊임없이 영향을 주고받은 중국, 그러면서도 아직까지 그들의 속내를 자신 있게 말할 수 없는, 한편으로는 신비롭고, 한편으로는 종잡을 수 없는 중국인에 대한 정체성을 명쾌하게 정리한 책.

015 오리엔탈리즘의 역사　　eBook

정진농(부산대 영문과 교수)

동양인에 대한 서양인의 오만한 사고와 의식에 준엄한 항의를 했던 에드워드 사이드의 오리엔탈리즘. 이 책은 에드워드 사이드의 이론 해설에 머무르지 않고 진정한 오리엔탈리즘의 출발점과 그 과정, 그리고 현재와 미래의 조망까지 아우른다. 또한 오리엔탈리즘이 사이드가 발굴해 낸 새로운 개념이 결코 아님을 역설한다.

186 일본의 정체성　　eBook

김필동(세명대 일어일문학과 교수)

일본인의 의식세계와 오늘의 일본을 만든 정신과 문화 등을 소개한 책. 일본인을 지배하는 이데올로기는 무엇이고 어떤 특징을 가지는지, 일본을 주목해야 하는 이유는 무엇인지 등이 서술된다. 일본인 행동양식의 특징과 토착적인 사상, 일본사회의 문화적 전통의 실체에 대한 분석을 통해 일본의 정체성을 체계적으로 살펴보고 있다.

261 노블레스 오블리주 세상을 비추는 기부의 역사

예종석(한양대 경영학과 교수)

프랑스어로 '높은 사회적 신분에 상응하는 도덕적 의무'를 뜻하는 노블레스 오블리주. 고대 그리스부터 현대까지 이어지고 있는 노블레스 오블리주의 역사 및 미국과 우리나라의 기부 문화를 살펴보고, 새로운 시대정신으로 노블레스 오블리주를 부활시킬 수 있는 가능성을 모색해 본다.

396 치명적인 금융위기, 왜 유독 대한민국인가 eBook

오형규(한국경제신문 논설위원)

이 책은 전 세계적인 금융 리스크의 증가 현상을 살펴보는 동시에 유달리 위기에 취약한 대한민국 경제의 문제를 진단한다. 금융안정망 구축 방안과 같은 실용적인 경제정책에서부터 개개인이 기억해야 할 대비법까지 제시해 주는 이 책을 통해 현대사회의 뉴노멀이 되어 버린 금융위기에서 살아남는 방법을 확인해 보자.

400 불안사회 대한민국, 복지가 해답인가 eBook

신광영(중앙대 사회학과 교수)

대한민국 사회의 미래를 위해서 복지는 선택이 아니라 필수라고 말하는 책. 이를 위해 경제 위기, 사회해체, 저출산 고령화, 공동체 붕괴 등 불안사회 대한민국이 안고 있는 수많은 리스크를 진단한다. 저자는 사회적 위험에 대응하기 위한 복지 제도야말로 국민 모두의 삶의 질을 높일 수 있는 길이라는 것을 역설한다.

380 기후변화 이야기 eBook

이유진(녹색연합 기후에너지 정책위원)

이 책은 기후변화라는 위기의 시대를 살면서 우리가 알아야 할 기본지식을 소개한다. 저자는 기후변화와 관련된 핵심 쟁점들을 모두 정리하는 동시에 우리가 행동해야 할 실천적인 대안을 제시한다. 이를 통해 독자들은 기후변화 시대를 사는 우리가 무엇을 해야 할 것인지에 대하여 생각해 볼 수 있을 것이다.

eBook 표시가 되어있는 도서는 전자책으로 구매가 가능합니다.

㈜살림출판사
www.sallimbooks.com
주소 경기도 파주시 문발동 522-1 | 전화 031-955-1350 | 팩스 031-955-1355